Pierre Stutz

Suchend bleibe ich ein Leben lang

PIERRE STUTZ

Suchend bleibe ich ein Leben lang

150 Meditationen

Mit Illustrationen von Katharina Lückmann

Patmos Verlag

Für Antoinette Brem und Barbara Lehner
in herzlicher Verbundenheit

www.lebensgrund.ch

Inhalt

Einstimmung

Erst vor einigen Jahren schrieb ich in mein Tagebuch, dass ich endlich bei mir selbst angekommen bin. Es war jenes Aha-Erlebnis, dass ich als Suchender immer schon ankommen bin. Wie soll das gehen? Im Aufheben der Gegensätze von Suchen und Finden, Aufbrechen und Ankommen, Stille und Engagement, Zärtlichkeit und Zorn, Humor und Trauern. In vielen Kulturen findet sich diese befreiende Zusage, suchend auch Gefundener zu sein. Deshalb bleibe ich gerne ein Suchender, weil es für mich bedeutet, lebendig-liebend mit anderen auf dem Weg zu sein. Jeden Tag neu, auf vertrauten Pfaden und immer wieder anders, Schritt für Schritt, auf und ab, hoffend-zweifelnd, lachend-weinend, vertrauend-verloren, verletzlich-kraftvoll. Die langen Monate der Pandemie haben auch mich auf mich selbst zurückgeworfen. Monatelang war ich tagsüber alleine in der Wohnung und trotzdem verbunden mit vielen Menschen, die mit mir ihre Hoffnungsspur und ihren Schmerz teilten und die wie ich konfrontiert waren mit all den verunsichernden sozialpolitischen Fragen, die ein Lockdown in uns auslösen kann.

Um der Angst in eine ungewisse Zukunft nicht ausgeliefert zu sein, habe ich mich an die Kraft der Rituale erinnert, die mir ein ordnendes Innehalten in chaotischen Verunsicherungen eröffnet. Jeden Morgen habe ich nach meinem meditativen Besuch bei meinen Freunden, den

Bäumen im Wald, aufgeschrieben, was mir heute guttut, was mich aufwühlt, was meine Verlorenheit nährt, was mich aufrichtet, was mein Vertrauen in das Gute im Menschen stärkt und wie ich erahne, von einem liebend-göttlichen DU bewohnt zu sein. In meinem intuitiven Schreiben wagte ich Tag für Tag eine kleine Standortbestimmung, um meinen vielfältigen Gefühlen und Stimmungen nicht einfach so ausgeliefert zu sein. So sind 150 Meditationen entstanden, die zu einer Weite und Tiefe ermutigen, zu einem staunenden Dasein, einem kritischen Hinterfragen, einem aufatmenden Innehalten, einem kämpferischen Engagement, einer großen Dankbarkeit, einem Eintauchen in den göttlichen Segen …

In meinen Meditationen verdichte ich mein suchendes Dasein, und ich nehme in meinem Schreiben all die Menschen mit, die mir ihre Nöte und Zuversicht anvertrauen. So würdige ich meinen Weg und die Lebenswege anderer Menschen.

Am Ende des Buches bin ich in einem »Nachklang« der Erfahrung nachgegangen, in einem liebend-göttlichen DU aufgehoben zu sein: Wie erfahre ich das DU, das in mir atmet und mich mit allen Geschöpfen verbindet?

Ich danke Katharina Lückmann, der 21-jährigen Nichte meines Ehemannes, für die Zeichnungen, die sie zu diesem Buch beigetragen hat. Sie zeigen, was suchende Menschen verbindet: die eigene Perspektive weiten lassen, um auch unterwegs daheim zu sein.

Pierre Stutz

Suchend
bleibe ich
ein Leben lang

1

Glück erfahren all jene
die gute Nachrichten weitererzählen
ihre Aufmerksamkeit
auf das Kraftvolle lenken
sich nicht vom Negativen
in die Resignation ziehen lassen

Deine Segenskraft
lässt sich in all den Kindern entdecken
die weltweit Millionen von Bäume pflanzen
sie setzen den lebensfeindlichen Konzernen
ein kraftvolles Friedenszeichen entgegen
das uns zur Hoffnung aufrichtet

Kein Tag soll vergehen
an dem wir uns nicht verwurzeln
in jene göttliche Vertrauenskraft
die zur Zivilcourage bewegt

2

Uns nicht mehr fesseln lassen
von der lähmenden Ohnmacht
eh nichts verändern zu können
im heilenden Zorn
jene konstruktive Kraft entdecken
die zum gewaltfreien Widerstand bewegt

Tag für Tag uns erinnern
an Deine göttliche Hoffnungskraft
die in uns wohnt und wirkt
uns verbindet mit allen Friedensstiftenden
die auf allen Kontinenten
Achtsamkeit und Mitgefühl wagen

Die Kraft des Humors kultivieren
die uns nicht verbissen kämpfen lässt
für eine menschlichere Welt
die zärtlicher und gerechter wird

3

Sama
meine kleine Tochter
mitten im zerstörten Aleppo
wirst du uns geboren
wirst zum Hoffnungszeichen
in einem grausamen Krieg

Sama
wirst du mir je verzeihen
dass wir dich unseren Sonnenschein
in eine brutale Welt hineingeboren haben?

Sama
du schenkst mir die Kraft
Tod und Zerstörung
Zärtlichkeit und Liebe
in meinem Film festzuhalten
als Hoffnungsschrei für die ganze Welt

Sama
du ermutigst uns
aufzustehen für unsere Freiheit
unser Aufstand für die Menschlichkeit
erzählt von jener göttlichen Friedenskraft
die auch durch deine Augen strahlt

»Für Sama« heißt der bewegende Dokumentarfilm der 30-jährigen syrischen Filmemacherin Waad al-Kateab, in dem sie ihrer kleinen Tochter Sama erzählt, weshalb sie im zerbombten Aleppo bleibt, und aufzeigt, wie in dieser Grausamkeit die Menschlichkeit nicht zerstört werden kann (als DVD erhältlich).

4

Eine Schwere bewohnt mich
frühmorgens beim Erwachen
eine Angst vor dem Leben
will mich umzingeln

Bekämpfen will ich meine
unangenehmen Gefühle nicht mehr
tief ein- und ausatmend
setze ich ihnen Grenzen

Mit beiden Füßen stehe
ich fest auf dem Boden
weil DU mein Hoffnungsgrund bist
die meine Enge weitet

Tief ein- und ausatmend
verbinde ich mich auch heute
mit all den Menschen
die ihre Angst verwandeln lassen

5

Schon morgens beim Aufstehen
achtsam Ausschau halten
nach Deiner göttlichen Spur

Sie eröffnet sich
im lang-weiligen Dasein
im tiefen Ein- und Ausatmen

Sie ereignet sich
in all den Friedensstiftenden
die Dich in sich träumen lassen

Sie erweckt uns
aus Ohnmacht und Resignation
zum Aufstand für mehr Menschlichkeit

6

Im Einklang mit mir selbst sein
meine Erstarrung durchbrechen
in meiner heilenden Wut
zu einem Vertrauensschrei finden

Im eigenen Schmerz
eine solidarische Nähe aufbauen
zu all den Menschen
die auf der Flucht sind

Im eigenen Erschrecken
über die Bosheit vieler Menschen
eintauchen in Deine Hoffnungsquelle
die zur Solidarität bewegt

Nie mich gewöhnen
an all die sinnlosen Kriege
die Deine Gegenwart
massiv in Frage stellen

Dich trotzdem leben

7

Beherztes und mutiges Handeln
lässt mich all-täglich neu aufstehen
für eine humane Wirtschaftsordnung

Faire Löhne und Klimagerechtigkeit
sollen keine Utopie bleiben
sondern durch uns gefördert werden

Du ereignest Dich in all den Engagierten
die an Deiner umwerfenden Vision
einer zärtlichen Gerechtigkeit festhalten

Festige unseren Standpunkt
bewege uns zur Kreativität
stärke unseren langen Atem

8

Jedes neugeborene Kind
erzählt von meiner Hoffnung
dass Du in uns immer wieder
neu geboren wirst

Himmelwärts
richte ich meinen Augen-Blick
lasse mich festigen
im Verwurzeltsein in der Schöpfung

Am Meer kann ich mich
endlich gehen lassen
Werden und Sterben
in mein Leben integrieren

Staunend-dankbar
verwandelst Du meine Schwere
dank meines Innehaltens
zwischen Erde und Himmel

9

Zärtlichkeit und Gerechtigkeit
Dankbarkeit und Verzweiflung
Zuversicht und Verlorenheit
umarmen sich in Deiner Segenskraft

In meiner kämpferischen Gelassenheit
trenne ich meine Lebensfreude und
meinen Schrei nach Sinn nicht mehr
verbinde sie in Deiner Liebe

Mein Selbstvertrauen wächst
im Sorge tragen zu meinen Kräften
mein Vertrauen in die Mitmenschen
wird gefördert durch unsere Proteste

Meine Bedürftigkeit verbinde ich
mit vielen Notleidenden
die auf unsere Solidarität vertrauen
dank der Macht der Ohnmächtigen

10

Das brennende Flüchtlingslager
erschüttert mich im Tiefsten
jene Politik der Abschreckung
ist ein Verrat der Menschlichkeit

In den verstörten und angstbesetzten Blicken
so vieler Kinder und älterer Menschen
verdichten sich die Brennpunkte
einer ungerechten Wirtschaftsordnung

Du wirst uns nicht helfen können
ohne unsere engagierte Mithilfe
es liegt längst an uns
mitzugestalten an einer humaneren Welt

Weiche unsere Hartherzigkeit auf
verwandle unsere unberechtigte Sorge
im Teilen zu kurz zu kommen
strahle Du durch unsere Solidarität

II

Eintauchen
in Deine göttliche Hoffnungskraft
heißt jeden Tag neu auftauchen
für eine zärtliche Gerechtigkeit

Im Einklang mit sich leben
wohltuende Balance fördern
entfernt uns nicht vom Mitgefühl
bestärkt uns All-ein-s zu sein

Bewege Du uns zum aufrechten Gang
lass uns intuitiv-authentisch werden
stärke unsere heilsame Zivilcourage
im unbequemen Widerstand für Frieden

Lass uns wirklich glücklich werden
im originellen Entfalten eines
humorvoll-mitfühlenden Daseins
das viele Hoffnungskreise zieht

12

Angstmachende fake news
wollen uns gefangen halten
im einengenden Irrtum
jede Nation sei eine Insel

Dein heilender Lebensatem
führt uns hinein in EINE Welt
in der Mensch und Natur
achtsam geschützt werden

Du durchbrichst
unsere egoistische Irrfahrt
die unsere Sinne verdunkelt
uns entfremdet vom Glück

Lebenslust und Engagement
stärken unsere Hoffnung
auf ein multikulturelles Miteinander
das Menschen aufblühen lässt

13

Vertraut sind mir unerträgliche Tage
an denen ich schwer erwache
Angst vor dem Leben habe

Viele kreative Talente erfüllen mich
Tag für Tag mit Dankbarkeit
lassen mich wachsen im Vertrauen

Wenn beide Seiten zu mir gehören dürfen
dann kann ich auch mir freundschaftlich begegnen
mit mir verständnisvoll unterwegs sein

Du stellst mich mit beiden Füßen auf den Boden
bist mir Ermutigung mich zu verabschieden
von der Überforderung vollkommen zu sein

14

Millionen von Menschen
sind vom Hungertod bedroht
obwohl genügend Nahrung
für alle vorhanden ist

Auf einmal teilen alle
die genügend zu essen haben
übernehmen eine Patenschaft
damit Du handlungsfähig bleibst

Im verantwortungsvollen Teilen
gestehen wir uns befreiend ein
»nur« alles zurückzugeben
was wir anderen genommen haben

Brot und Rosen erhalten alle
dank unserem glaubwürdigen Handeln
das nicht nur von Deiner Liebe spricht
sondern sie erfahrbar werden lässt

15

Du stärkst unseren aufrechten Gang
inspirierst uns zum gerechten Handeln
weil wir uns jeden Tag neu verbinden
mit all den Friedenskämpferinnen

Du entfachst in uns ein Feuer
der befreienden Solidarität
weil wir im Teilen nicht verlieren
sondern reich beschenkt werden

Deine heilende Gegenwart
durchbricht jeden Tag neu
unsere lähmende Resignation
eh nichts bewegen zu können

Du bist nicht allmächtig
sondern wie alle Liebenden
zutiefst angewiesen auf
ein teilendes Miteinander

16

Jeden Tag danke ich Dir
für das Geschenk meines Lebens
meine täglichen Yogaübungen
sind meine Meditation

Mein ganzer Organismus
ist ein großes Wunderwerk
das mich immer wieder
zum Staunen bewegt

Ansteckende Gesundheit
sei uns geschenkt
auch im Annehmen
unserer Verwundbarkeit

Mit Leib-Geist-Seele
bin ich wunderbar bewohnt
von Deinem heilenden Segen
der mein Urvertrauen nährt

17

Deine göttlichen Spur
lässt sich vielseitig entdecken
indem wir die Tiefendimension
in allen Lebensvollzügen erkennen

Regelmäßig schaffen wir
Distanz zu unserem Alltag
lassen uns herausführen
aus der Diktatur der Schnelligkeit

Unser Perspektivenwechsel
öffnet uns Augen und Herz
für deine innerste Gegenwart
im ganzen Kosmos

Längst bevor wir Dich suchen
wirkst Du als Kraftquelle in uns
lässt uns in unseren Durststrecken
neue Hoffnung schöpfen

18

Schlaflose Nächte sind mir vertraut
lassen mich in meiner Dünnhäutigkeit
den Zugang zu meinen inneren Quellen
ganz und gar nicht mehr finden

Unaufhaltsame Stunden der Nacht
lassen mich in meiner Schwere
nicht mehr zur Ruhe kommen
entfremden mich von mir selbst

Mir freundschaftlich zu begegnen
ist weit weg von meiner Reichweite
lässt mich leider vergessen
mir erst recht Gutes zu tun

Befreiend sind dann jene Momente
in denen ich durch meinen Atemfluss
nicht mehr gefangen bin in mir selbst
sondern neues Vertrauen spüre

Du erhellst meine Finsternis
erinnerst mich leise-kraftvoll
wie mein Leben von Anfang an
im Vertrauensfluss aufgehoben ist

19

Du ereignest Dich zärtlich-sinnlich
in der bezaubernden Schönheit
die wir jeden Tag in der Natur
und in Augen-Blicken erkennen können

Deine Schönheit holt uns heraus
aus der beengenden Resignation
zeigt uns kraftvoll-ermutigend
wie Dein heilender Atem uns staunen lässt

So wie Verlorenheit und Verzweiflung
zu unserem Lebensweg gehören können
so erinnert uns all das Schöne an Dein Dasein
das täglich auftaucht in unserem Alltag

Deine wunderbare Schönheit
erzählt von Deiner erotischen Lebenskraft
die mitten in der Zerbrechlichkeit des Lebens
uns Momente der tiefen Geborgenheit schenkt

20

Menschen versöhnen sich
nach einem heftigen Streit
sie bleiben nicht fixiert
auf das Trennende

Menschen verwandeln sich
bleiben nicht gefangen
in abwertenden Mustern
heben das Positive hervor

Menschen erneuern sich
verlieren ihre Ängste
vor dem Unbekannten
wagen ungewohnte Schritte

Menschen blühen auf
vergleichen sich nicht mit anderen
sehen ihre eigenes Potenzial
das noch mehr entfaltet werden kann

Du bist der Verwandlungsgrund
unseres ganzen Lebens

21

Entdecke in deiner Tiefe
deinen Herzenswunsch
den du würdigen darfst
in dem du ihn mitteilst

Lass dich nicht beirren
wenn dein Wunsch
wenig Resonanz erhält
halte entschieden an ihm fest

Lass deinen Herzenswunsch
immer wieder behutsam los
er ist nicht zu haben
sondern immer im Werden

In deinem Herzenswunsch
atmet jene göttliche Sehnsucht
der du ein Leben lang folgen darfst
weil du einzigartig bist und bleibst

22

Verdunkelt ist meine Lebenseinstellung
verschleiert mein Blick für das Wunderbare
schwer ist mein Gang durch den Tag
belastend jede kleinste Tätigkeit

Ich kann nicht wollen heißt
jene depressive Stimmung
die mich flügellahm
in meinem Leben stehen lässt

Gutgemeinte Rat-Schläge verletzen mich
isolieren mich in meiner Dunkelzelle
vieles was mich trägt
kann ich nicht abrufen

Wer soll das verstehen?

Ein empathisches Mitsein
eine zärtliche Geste
ein aushaltendes Schweigen
ein berührendes Musikstück
schenken mir Momente des Aufatmens
die leise von Dir erzählen
mein fern-naher Vertrauensgrund

Depression und Aggression
sind Zwillingsschwestern
meine heilende Wut
ermutigt mich zu mir zu stehen
auch in meiner Kraftlosigkeit

23

Mein Leben Dir anvertrauen
nicht mehr alles kontrollieren
mich in den Fluss der Liebe
behutsam hinein wagen

Vertrauen im richtigen Moment
geschehen lassen
zupacken können
als Lebenskunst der Gelassenheit

Dankbar sein für meine Willenskraft
sie ergänzen mit der Herzenskraft
die einlassen und loslassen
als Vertrauensakt ermöglicht

Mich in die Tiefe des Lebens
hinein wagen
mich fallen lassen
in Deinen Hoffnungsgrund

24

Ein Segen bin ich
Du durchwehst mich seit
dem Anfang meines Lebens
als kreative Hoffnungskraft

Segensbewohnt bin ich
kraftvoll-verletzlich
dünnhäutig-stark
verzweifelt-aufgehoben

Jeder Ort auf dieser Welt
kann zum heilenden Ort werden
Schöpfung, Kosmos sind beseelt
beherzte Menschen leben Dich

Im Innersten berührt
bist Du mir nah-fern
mit allen Sinnen erfahrbar
als Quelle des Lebens

25

Aufgehoben im großen Lebenskreis
richte ich meine Achtsamkeit
auf Dich als Spur zur Gelassenheit

Befreit zum Scheitern
gelingt mir unerwartet viel
vorbei die Diktatur des Erfolges

In jeder Lebensphase
klein anfangen können
lässt mich Großes verwirklichen

Aus meinen Fehlern lernen dürfen
anderen und auch mir selbst verzeihen
erlöst mich zur Unvollkommenheit

Du weichst meine Hartherzigkeit auf
erinnerst mich jeden Tag neu
gesegnet zu sein vor allem Tun

Du bist meine Hoffnung

26

Deine Freundlichkeit lädt mich ein
auch mit mir selbst befreundet zu sein
dankbar meine einmalige Würde zu feiern

Dank diesem Geschenk meines Lebens
erhebe ich protestierend meine Stimme
für ein menschenwürdiges Arbeiten

Du stärkst unser Rückgrat
nährst unsere Widerstandskraft
für eine faire Wirtschaftsordnung

Eine zärtlich-gerechtere Welt
schaffen wir in beharrlicher Geduld
in einer Globalisierung des Mitgefühls

Entlarve unsere Kleinkariertheit
bewege uns zur Menschlichkeit
fördere unsere Klimagerechtigkeit

27

Der Angst will ich nicht
die Regie überlassen im Leben
ich suche den Dialog mit ihr
setze ihr zugleich klare Grenzen

Wenn sie mich umzingeln will
stehe ich noch fester mit
beiden Füßen auf dem Boden
atme tief ein und aus

Du beseelst unser Schöpfungshaus
erinnerst uns wie unser Leib
Dein sinnliches Haus ist
das uns im Vertrauen verwurzelt

Angst und Zweifel gehören zum Leben
mein körperzentriertes Meditieren
verwandelt meine diffusen Sorgen
ermutigt mich zum aufrechten Gang

28

Manchmal
fällt es mir schwer
auf meine innere Herzensstimme zu hören

Zu laut ist es in mir geworden
zu lärmig ist es um mich herum
zu wenig schaffe ich mir Nischen der Stille

Manchmal
nehme ich die göttliche Spur
auf meinem Lebensweg nicht wahr

Zu viele Bilder locken mich ins Ungewisse
eine Fülle von Angeboten entfernt mich von mir
verwirrt verpasse ich die Tür zum Wesentlichen

Wirf mich auf mich selbst zurück
auch wenn es weh tun kann
führe Du mich zu meinem inneren Kompass

29

Meinen Alltag würdigen
staunend-dankbar sehen
was mir jeden Tag geschenkt wird
die Fixierungen auf das Fehlende
und Störende verlassen

Das Leben in seiner ganzen Fülle
ehren als Geschenk des Himmels
mit beiden Füßen auf dem Boden
himmelwärts ausgerichtet sein
mit gestärktem Rückgrat

Leichtes und Schweres
Dunkles und Helles
Lustiges und Schmerzvolles
sich umarmen lassen
als Einverständnis mit dem Leben

Machtvoll meine Talente leben
all jenen keine Macht mehr geben
die mich entfernen wollen von mir selbst
dankbar sein für meine Macht
die ich gerne hinterfragen lasse

30

Meine Lebenskraft war blockiert
zu lange ließ ich mich beirren
von überfordernden Ansprüchen
denen ich nie genügen konnte

Du hast mich zu meiner Mitte geführt
mich befreit von Fremdbestimmung
dank der Wegbegleitung von Menschen
die aus einer inneren Freiheit leben

Tanzend kann ich nun Deine Schönheit
als bewegende Liebeskraft feiern
mich gehen lassen mit Leib und Seele
mich verwandeln lassen zur Selbstliebe

Dank DIR

31

Ich bin der Schatten meiner selbst
Mobbing hat mich entfremdet von mir
die fiesen und perfiden Intrigen
ließen uralte Verwundungen aufbrechen

Ich erschrecke über meine Albträume
in denen ich grausame Rache üben will
obwohl ich doch seit Jahren versuche
gewaltfreien Widerstand zu leisten

In dieser Grenzsituation meines Lebens
nehme ich auch dankbar wahr
wie wahre Freundinnen und Freunde
zu mir stehen und meine Ohnmacht aushalten

Ihre beherzte Unterstützung tut mir gut
sie erzählt von Deinem wirkenden Mitsein
sie lässt mich Lichtfunken entdecken
ganz an Ende meines langen Tunnels

32

Du führst mich mit Freundlichkeit
in eine befreiende Unvollkommenheit
ich kann aus meinen Fehlern lernen
atme auf im Geschenk des Verzeihens

Dankbar entfalte ich meine Talente
in der entlastenden Einsicht
darin auch meinem Schatten zu begegnen
der mir ein weites Herz schenkt

Befreit von der Angst vor Liebesentzug
darf ich zu meinen Grenzen stehen
anderen eine Enttäuschung zumuten
weil ich gesegnet bin vor aller Leistung

Du führst mich in eine Vertrauensweite
in der wir miteinander fair streiten dürfen
um Geborgenheit und Freiheit zu erfahren
auf einem authentischen Friedensweg

33

Tanzend danke ich für die göttliche Lebenskraft
die mich bewohnt und die alles beseelt
auch heute geschieht unglaublich viel Gutes
durch beherzte Menschen auf allen Kontinenten

Noch achtsamer richte ich mein Augenmerk
auf all die ermutigenden Friedensinitiativen
die alltäglich unerwartet große Kreise ziehen
als unaufhaltsam-verbindende Segenskraft

Du brichst unsere lähmende Resignation auf
stärkst unsere ansteckende Zivilcourage
dank unserer Erinnerung an die Beharrlichkeit
unzählig-mutiger Friedenskämpfender

Unser innerer Ruheort erwartet uns täglich
damit unsere Widerstandskraft gestärkt wird
im entlastenden Innehalten und Entspannen
für einen langem Atem der Hoffnung

34

Tief verletzt irre ich umher
entfremde mich von mir selbst
mit zerbrochenem Herzen
finde ich kaum innere Ruhe

Zu sehr erwarte ich im Außen
Ansehen und Anerkennung
bin unfähig mir wohlwollend
mit Mitgefühl zu begegnen

Mitten in dieser Verlorenheit
berührt mich eine zärtliche Geste
die von Deiner Nähe erzählt
die mir manchmal so fern ist

Lass mich auch freundschaftlich
mit mir selbst unterwegs sein
damit ich würdigen kann
wie viel Schönes auch da ist

35

Eine verlogene Scheinheiligkeit
nährt meine Wut und Empörung
diskriminierende Ausgrenzungen
verletzten mich zutiefst

Mein Zorn kann nicht nur zerstörerisch sein
sondern auch eine heilend-göttliche Kraft
damit wir Unrecht nicht schweigend hinnehmen
sondern protestierend Machtmissbrauch entlarven

Anspruchsvoll ist diese Gratwanderung
auf der ich mich nicht mehr im Stich lasse
sondern mein Selbstwertgefühl gestärkt wird
dank Deiner Ermutigung zu einem heilenden Zorn

Achtsam will ich auf diesem Friedensweg
nicht im verurteilenden Sündenbockmechanismus
stecken bleiben dank dem regelmäßigen Einüben
einer gewaltfreien Kommunikation

36

Verlassen möchte ich mich
auf unzählige Friedensengagierte
die trotz vieler Rückschläge
Frieden in Gerechtigkeit verwirklichen

Verlassen fühle ich mich manchmal
wenn himmelschreiende Nachrichten
mich ohnmächtig werden lassen
meine Perspektiven verdunkeln

In dieser leidenschaftlichen Spannung
von Verlässlichkeit und Verlassenheit
will ich noch intensiver Ausschau halten
nach Deiner unaufhaltsamen Friedensspur

Jeden Morgen breche ich neu auf
einer zärtlich-gerechteren Welt entgegen
verbinde mich im tiefen Ein- und Ausatmen
noch bewusster mit vielen Verbündeten

37

Bedrückende Zweifel sind erlaubt
so vieles Schreckliches wiederholt sich
in der Geschichte der Menschen
wann endet die Herrschaft der Diktatoren

Gründe gibt es unendlich viele
um in der Resignation steckenzubleiben
zu sehr werden ausgrenzend-rassistische
Parolen unbemerkt salonfähig

Dennoch stärkst Du unsere Zivilcourage
damit wir entschieden-gewaltfrei
aufstehen für eine Menschlichkeit
in der die Würde aller beachtet wird

Du verwirklichst Dich unaufhaltsam
in jener ver-rückten Hoffnung
die jeden Tag auch gegenwärtig ist
in all den Friedensmenschen

38

Kraftlos-zerschlagen liege ich da
Krebs zerfrisst meinen Leib
kaum aushaltbare Schmerzen
bestimmen meinen Leben

Mein Gesicht ist zerknirscht
ein einziger Angstschrei
kommt all jenen entgegen
die mich liebevoll pflegen

Die Grausamkeit dieser Krankheit
bringt so viele zum Verstummen
unglaublich hart ist es gemeinsam
diese Hoffnungslosigkeit auszuhalten

Mein Kampf gegen meinen Tumor
habe ich hoch verloren
loslassen fällt mir immer noch schwer
sterbend lass mich endlich geborgen sein

Im Gedenken an Peter Meier-Stadelmann (1951–2020)

39

Jeden Morgen halte ich dankend inne
staune über das Geschenk meines Lebens
das für mich nicht selbstverständlich ist
trotz der Zerbrechlichkeit meiner Gesundheit

Angststimmen wollen meine Sorge hochrechnen
sie sind nur ein kleiner Teil von mir
ich nehme sie wahr und grenze sie ein
in dem ich sehe wie viel Gutes auch heute geschieht

Du verwandelst meine Ängste
im Stärken meiner Erinnerung
an all jene göttlichen Momente
in denen ich Zärtlichkeit und Trost erfahre

Auch heute kann ich in meiner Begrenztheit
sehr aktiv mitgestalten an einer zärtlicheren Welt
durch mein meditatives Innehalten
durch meine solidarischen Protestbriefe

Dank Dir

40

Meine Lebendigkeit erzählt von Dir
lässt mich in meiner Sehnsucht nach Gerechtigkeit
unerwartete Geborgenheitsmomente erfahren
weil jetzt weltweit Frieden eine Chance hat

Meine Zerbrechlichkeit erzählt von Dir
lässt mich durchlässig werden für
Deinen heilenden Atemfluss
der mich mit Schöpfung, Kosmos verbindet

Mein Humor erzählt von Dir
von Deinem lachenden Segen
der eine heilsame Distanz schafft
zu all den Kleinkariertheiten

Meine Geduld erzählt von Dir
verweist auf die Kraft des Augenblicks
in dem nur für HEUTE
ein großes Wachstumspotenzial liegt

41

Glücklich werden wir als Teilende
einander in Mitgefühl zu begegnen
nährt unser ansteckendes Vertrauen
in ein friedvolleres Zusammensein

Sinnerfüllt werden wir als Verzeihende
befreiend zu eigenen Gewaltanteilen stehen
kraftvoll sich wehren zu können
sind Früchte Deiner Friedenskraft

Hoffnungsvoll werden wir als Protestierende
miteinander Deinen heilenden Atem spüren
in einer Demonstration für Klimagerechtigkeit
die verschiedene Generationen verbindet

Dankbar werden wir als Verwurzelte
immer wieder eintauchen in die Erinnerung
Teil eines weltweiten Friedensnetzes zu sein
in dem viele kreativ-farbenfroh Dich leben

42

Meine Tränen brechen meinen Panzer auf
sie lösen meine zugeschnürte Kehle auf
sie lassen mich vertrauensvoll eintauchen
in Deinen unaufhaltsamen Vertrauensfluss

Meine Bedürftigkeit nicht mehr überspielen
im schweigenden Aushalten meines Schmerzes
unerwartete zärtliche Zuwendung erfahren
die mir heilende Tränen des Trostes schenkt

Endlich im Einklang mit mir selbst sein
Weinen und Lachen nicht mehr trennen
im Tränenfluss endlich sein dürfen
im Humor meine Leichtigkeit entfalten

Bezaubernd schön kann unser Leben sein
brutal-schmerzvoll kann unser Dasein sein
nicht mehr nach dem Warum fragen
leidenschaftlich allem zu Grunde gehen

43

Authentisch möchte ich sein
glaubwürdig in meinem Handeln
begrenzt-unerschöpflich im Dasein
kraftvoll-verletzlich im Mitgefühl

Meine Stimme möchte ich erheben
um Unrechtsstrukturen zu entlarven
ohne mir dabei zu verheimlichen
auch Unrechtsanteile in mir zu haben

Du wirst meine dunklen Flecken erhellen
nicht bewertend und verurteilend
sondern wohlwollend-bestimmt
als Einladung zur Selbstwerdung

Licht und Schatten umarmen sich
sie ermutigen mich zur Unvollkommenheit
Stückwerk darf all mein Tun sein
als Chance zur Selbstfindung

44

Trotz allem glaube ich an das Gute im Menschen
tauche immer wieder ein in die heilsame Erinnerung
an all die Friedensaufbrüche in dunklen Stunden
die Jung und Alt in ausweglosen Situationen wagen

Niemals will ich vergessen wie Du aufstehst
in all den Kämpfenden für mehr Menschlichkeit
in ihrem Rückgrat zeigt sich Deine Liebe
die immer stärker sein wird als Abschottung

Meine Resignation lasse ich gezielt aufbrechen
durch die Inspiration vieler Hoffnungsmenschen
die trotz Verunsicherungen Unmögliches wagen
unermüdlich sich ein- und aussetzen für Gerechtigkeit

Im Schöpfen aus Deiner göttlichen Quelle
können wir kreativ gegen den Strom schwimmen
in all den Demonstrationen für Menschen in Not
lebt Freundin Geist in uns als liebende Protestkraft

45

Staunend-dankbar entdecke ich
Tag für Tag Deine Schönheit
die in der Schöpfung uns so wunderbar
zum Vertrauen ins Leben bewegt

In der erotischen Kraft der Liebenden
erfahren wir Deine zärtliche Gegenwart
die Menschen zum Aufblühen bewegt
als bestärkendes Segenszeichen

Schon morgens bin ich singend da
lasse mich von meiner Herzensstimme
zu rhythmischen Hoffnungsliedern bewegen
die mich zum Träumen aufwachen lassen

Mit Leib und Seele verneige ich mich
schon frühmorgens beim Aufstehen
um in tiefer Dankbarkeit auch heute
Deine Schönheit mit vielen zu feiern

46

Unerträglich all die Kriege weltweit
die so viel Leid und Not schaffen
Millionen in die Flucht treiben
uns zweifeln lassen am Guten

Friede ist keine Utopie mehr
eine atomfreie Welt ist möglich
wir stehen auf und ein
für diese ver-rückten Hoffnungen

Du stiftest uns jeden Tag neu an
zu einem bunten Aufstand
für eine farbenfrohe Welt
die gerechter und zärtlicher wird

Wir verbinden uns immer wieder
mit all den Widerstandskämpfenden
die seit Menschengedenken
gewaltfrei Konflikte entschärfen

47

Du bist unser Vertrauensklang
in der Musik erfahren wir Deine Nähe
wir sind voll da und ganz weg
aufgehoben zwischen Erde und Himmel

Tanz verbindet Menschen weltweit
höchste Präsenz braucht es
kostbar sind jedoch jene Momente
in denen die Tänzerin zum Tanz wird

Hoffnungslieder singen wir miteinander
tauchen ein in eine tiefere Verbundenheit
mit all den Friedensmenschen
die gewaltfrei Widerstand wagen

Vertrauenslieder singen wir erst recht
befreien uns vom Sorgenkarussell
sind selbstbewusst und selbstvergessen
eine einzigartige Note in Deiner Melodie

48

Distanz schaffe ich zu meinem Alltag
lasse mich achtsam-entspannt gehen
der Wind pustet meine Sorgen weg
kleinliche Gedanken lösen sich auf

Regelmäßig entziehe ich mich der Hektik
schöpfe Kraft im Wandern in der Natur
auf dem Berg werde ich klein und groß
erhalte eine neue Lebensperspektive

Du lockst mich in die Weite der Schöpfung
lässt mich meine Verbundenheit mit allem
im staunend-dankbaren Unterwegssein spüren
als Kraftquelle auf meinem Lebensweg

Auf- und Abstieg gehören zu jeder Bergtour
Höhen und Tiefen bereichern mein Dasein
lassen mich leidenschaftlich-gelassen
Schönes und Schmerzvolles annehmen

49

Jeden Morgen danke ich achtsam
für das Geschenk meines Lebens
staune über Deinen Lebensatem
der mich verbindet mit allem

Meine Dankbarkeit bewegt mich zur Freude
über das Wunderwerk meines Organismus
heute will ich bewusst im Hier und Jetzt sein
auch im Annehmen meiner Endlichkeit

Einen einfachen Lebensstil will ich fördern
damit Klimagerechtigkeit wachsen kann
im Fördern einer gerechteren Welt
die mir teilend echtes Glück schenkt

Als Liebender bleibe ich unterwegs
verbinde Leben und Sterben in mir
um noch intensiver all das Schöne
jeden Tag genussvoll auszukosten

50

Dein Segen erneuert sich
in bezaubernder Sinnlichkeit
unser Verwurzeltsein in der Natur
stärkt unser Rückgrat für Zivilcourage

Unserer Angst vor der Zukunft
überlassen wir nicht die Regie
im intensiven Dialog mit ihr
setzen wir ihr klare Grenzen

Du stoppst unser Gedankenkarussell
erinnerst uns ein Segenszeichen zu sein
in Zeiten der stärkenden Zuversicht
in Momenten der Verunsicherung

Ein- und ausatmend
verbinden wir uns mit allen
die Menschlichkeit fördern
mit einem langen Hoffnungsatem

51

Stückwerk ist all unser Tun
dank Deinem weiten Herzen
dürfen wir begrenzt sein
unvollkommen ein Leben lang

Du holst uns heraus aus der Opferrolle
zeigst uns auf wie durch-kreuzte Pläne
zu einem Bewusstseinswandel führen
der unser Selbstwertgefühl stärkt

Deine heilende Geistkraft
bewegt uns zur Lebensfreude
lässt uns unermüdlich entdecken
wie viel Gutes täglich geschieht

Unsere Perspektive bleibt nicht fixiert
auf all die ernüchternden Rückschläge
Du öffnest uns Augen und Herz
für die all-täglichen guten Nachrichten

52

Wie ein grünender Ölbaum
bleibe ich tief verwurzelt
in der widerständigen Hoffnung
neue Friedensschritte zu wagen

Eine ver-rückte Hoffnung
angesichts all der Hungernden
die verzweifelt Ausschau halten
nach unserem solidarischen Teilen

Erst recht verbinde ich mich
jeden Morgen neu mit all
den Frauen und Männern
die gegen den Strom schwimmen

Dein Name ist Gerechtigkeit
Dein Wesen ist Versöhnung
Deine Gegenwart zeigt sich
in allen Menschen guten Willens

53

Schreckliche Unrechtsstrukturen festigen sich
Diktatoren halten sich jahrelang an der Macht
wann lernen wir Menschen aus der Geschichte
lassen uns endgültig nicht mehr fremdbestimmen

Ohnmacht und lähmende Resignation
wollen uns fernhalten von Deinem Traum
einer menschlicher-friedvolleren Welt
in der alle den aufrechten Gang gehen

Schenke uns einen langen Atem der Hoffnung
lass uns nicht in die perfide Falle tappen
ohnmächtig nichts verändern zu können
stehe auf in uns als Hoffnungskraft

Trotz allem erinnere ich mich jeden Morgen
wie seit Jahrhunderten Menschen sich befreien
aus struktureller Gewalt und Machtmissbrauch
vertrauend auf ihr Veränderungspotenzial

54

Ganz unerwartet holen mich
krankmachende Verhaltensmuster ein
sie werten mich innerlich ab
blockieren meine Lebenskräfte

Meine klare Stimme zittert
stammelt widersprüchliche Worte
die meine Kommunikation hindern
mich mit Klarheit einzubringen

Du reißt mich heraus aus dieser Enge
bestärkst mich gut für mich zu sorgen
in der Bewegung mich zu sammeln
um meinen Leib klarer zu spüren

Auf keinen Fall will ich im Außen suchen
was in mir einmal mehr gelöst werden möchte
lass mich meiner Blockade auf den Grund gehen
vertrauend auf eine neue Lebensausrichtung

55

Traumatisierte Menschen versuchen schmerzvoll
aus ihrer lähmenden Opferrolle herauszutreten
behutsam tasten sie sich neu ins Leben hinein
im Erahnen viel mehr zu sein als gewaltvolle Taten

Dank einer achtsam-mitfühlenden Unterstützung
werden sie hinausgeführt aus der Erstarrung
im intensiven Erleben von Trauer und Wut
erneuert sich der Aufbruch in ein neues Land

Sensibilisiere Du uns für jene Gewaltopfer
die manchmal erst dreißig Jahre später
Worte finden für ihre Verwundungen
lass uns ihnen einfühlsam zuhören

Schluss mit gut gemeinten Rat-Schlägen
bitte keine vorschnellen Erklärungsversuche
Du stiftest uns an zu einem heilenden Dasein
dank der Kunst gemeinsam Schmerz auszuhalten

56

Ich irre ratlos umher mitten in der Stadt
bin einsam verloren in der Menschenmenge
unfähig mit jemandem in Kontakt zu treten
bin ich abgeschnitten vom Vertrauen ins Leben

Uralte Verwundungen halten mich gefangen
in meiner Urangst vor Liebesentzug
verstummt entfremde ich mich von mir selbst
blockiert vorhandene Hilfe anzunehmen

Unerwartet kommst Du mir entgegen
in einem wertschätzenden Brief
der mich schlagartig erinnert
viel mehr zu sein als meine Blockade

Mein achtsames Gehen im Wald
holt mich heraus aus meiner Enge
Schritt für Schritt verwandelt sich
meine Angst in Vertrauen

57

Mobbing am Arbeitsplatz hindert mich
mich in meiner Arbeit zu entfalten
ein vernichtendes Lügennetz spannen sie
um mein Selbstwertgefühl zu knicken

Nicht nur beim Aufstehen am Morgen
sondern schon mitten in der Nacht
zweifle ich an meinen Fähigkeiten
bin tief enttäuscht über die Intrigen

Du holst mich heraus aus meiner Opferrolle
ermutigst mich professionelle Hilfe anzunehmen
mich nicht mehr gelähmt im Stich zu lassen
sondern den Zugang zu meinem Potenzial zu finden

Meine Trauer und Wut richte ich nicht mehr
gegen mich selbst im Ausbrechen aus der Enge
aufrechten Ganges kündige ich meine Stelle
im klaren Benennen der Unrechtsstrukturen

58

Grausame Terrorakte verschlagen mir die Sprache
meine Partnerin wird mit vielen anderen umgebracht
ich schreie voller Verzweiflung auf Facebook
»Meinen Hass bekommt ihr nicht!«

Mit all meinen inneren Kräften arbeite ich daran
dass ihr auch den Hass unseres Kindes nicht bekommt
obwohl die Nachricht des Todes meiner Geliebten
mein liebendes Herz mir größter Wucht zerbricht

Mit Entschiedenheit und heilender Wut
halte ich fest an meinem Verzweiflungsschrei
»Meinen Hass bekommt ihr nicht!«
obwohl sich in meinen Träumen Rachebilder zeigen

Meinem Ideal der Gewaltfreiheit bleibe ich treu
indem ich keine innere Gewalt gegen mich dulde
die mir verbietet verzweifelt Rachegefühle zu haben
sie dürfen auch zu meinem Friedensweg gehören

59

Himmelwärts richte ich meinen Blick
zum befreienden Spiel der Wolken
die meine engagierte Gelassenheit stärken
im Verweilen im staunenden Augen-Blick

Mit beiden Füßen auf der Erde
lasse ich mich erneut verwurzeln
im Urgrund aller herzlichen Begegnungen
der mir kämpferische Gelassenheit schenkt

Zwischen Erde und Himmel bleibe ich unterwegs
vertrauend in die Solidarität vieler Menschen
die sich auch täglich für das Gute aufrichten lassen
im Festigen ihres beweglichen Standpunktes

Singend-tanzend bleibe ich verbunden
im ermutigenden Widerstandskreis
der mein Rückgrat für Zivilcourage stärkt
als Segenszeichen für alle Unterdrückten

60

Dein Name wird missbraucht
um die eigene Macht zu erhalten
um Menschen zu unterdrücken
um Diskriminierung zu fördern

Du entziehst Dich allen Religionen
die Dich krampfhaft besitzen wollen
wesentlich und unkontrollierbar
bewohnst Du die Tiefe allen Seins

Du bist vielfältig gegenwärtig
in all den Menschen
die Dich interreligiös feiern
als verbindende Friedenskraft

Du verwirklichst Dich als Lebensatem
staunend im ganzen Kosmos
bestärkst uns zur Lebendigkeit
im friedvollen Zusammensein

61

Zerbrechlich ist meine Gesundheit geworden
zurückgeworfen auf mich selbst
ist vieles nicht mehr selbstverständlich
kann ich mich noch auf meinen Leib verlassen

Schwer tue ich mich mit meiner Bedürftigkeit
ungewohnt ist meine Langsamkeit
wie kann ich Hilfe annehmen
ohne mich zu sehr abhängig zu fühlen

Was will mir meine zerbrechliche Gesundheit sagen
auf meine Grenzen will ich mich nicht reduzieren
sondern jeden Tag dankbar den Spielraum sehen
den es in Mitgefühl mit mir selbst zu entfalten gilt

Du ermutigst mich noch mehr nach innen zu gehen
meinen Selbstheilungskräften zu vertrauen
meine Endlichkeit vermehrt anzunehmen
auch im Fließenlassen meiner Tränen

62

Meinen inneren Ruheort betreten
dankbar verweilen im Jetzt
mein Gedankenkarussell stoppen
endlich einfach sein dürfen

Tief ein- und ausatmend
immer ruhiger werden
Gefühle nicht bekämpfen
sie vorbeiziehen lassen

Mein dankbares Innehalten in Dir
ist keine Flucht vor meiner Aufgabe
auch im schweigenden Dasein
gestalte ich mit an mehr Menschlichkeit

Kostbar sind die kleinen Momente
in denen ich voll da bin und ganz weg
aufgehoben in tiefer Verbundenheit
mit Deinem Beseeltsein in allem

63

In meiner Erschöpfung halte ich mich aus
weil Du immer schon mein innerer Halt bist
als unerschöpfliche Lebensquelle
die mein Selbstvertrauen täglich erneuert

In meinen Selbstzweifeln gehe ich
achtsam Schritt für Schritt durch den Wald
lasse mich freundschaftlich stärken
dank meinem Dialog mit den Bäumen

In meiner Schlaflosigkeit atme ich
noch bewusster ein und aus
begegne mir freundschaftlich
im Annehmen der Ungewissheit

In meiner Schwere liege ich da
durchbreche ich meine Bodenlosigkeit
im Spüren meines Grundes
der mich aufrichtet zu mir selbst

64

Ich erneuere jeden Tag
meine große Hoffnung
im Leben und Sterben
in Dir geborgen zu sein

Das Geheimnis unseres Lebens
liegt im steten Werden und Sterben
Loslassen fällt mir trotzdem schwer
ein Leben lang bleibe ich Übender

Loslassen beginnt im Einlassen
auf all das Schöne und Schwere
auskosten will ich das Bezaubernde
im Verweilen im Augen-Blick

Loslassen ist ein Vertrauensakt
das Wesentliche bleibt ein Geschenk
es entfaltet sich kraftvoll in mir
wenn ich es nicht festhalten will

65

Mit meinem ganzen Sein
mit meinem ganzen Leib
mit meinem ganzen Spirit
bin ich immer in Dir

Mein tiefes Ein- und Ausatmen
erinnert mich die ganze Zeit
in der Seele aufgehoben zu sein
bewohnt von Deinem Lebensatem

Kein Bemühen mehr Dich zu erreichen
kein Warten mehr Dich zu erfahren
einfach eintauchen in Dein SEIN
das alles umfängt und belebt

Verletzlichkeit und Kraft
Verwundbarkeit und Heilung
Verlorenheit und Ankommen
sind umhüllt von Deinem DASEIN

66

Schenke uns ein aufrichtiges Herz
lass uns authentisch werden
befreit zur wohltuenden Selbstliebe
befähigt zum ansteckenden Mitgefühl

Führe uns in die Weite des Herzens
in Fairness in den Konflikten
in die Gabe des Verzeihens
in die Erlaubnis der Unvollkommenheit

Weiche die Härte unserer Herzen auf
in der erlösenden Erkenntnis
als Teilende glücklich zu werden
als Verzeihende versöhnt zu leben

Stärke unser denkendes Herz
lass uns nicht mehr trennen
zwischen Vernunft und Herz
weil Du alles verbindest

67

Dein Lebensatem belebt die ganze Erde
jeder Morgen ist eine Neuschöpfung
staunend stehe ich beim Aufstehen
einfach mal da zum dankenden Innehalten

Das Meer mit seinem Werden und Vergehen
erzählt von Deiner Gegenwart in allem
die wir so wunderbar auskosten können
die immer ein Geheimnis bleibt

Mein Gang durch die Herbstwälder
entspannt mich zum Hier und Jetzt
kein Hochrechnen der Sorgen mehr
einfach achtsam mich gehen lassen

Meine Dankbarkeit beim Essen
erfüllt mich mit Lebensfreude
so viele wirken im Hintergrund
damit ich genussvoll essen kann

68

Auf einem Berggipfel erkenne ich das Wesentliche
dank der guten Distanz zu meinen Sorgen
die hier oben nicht mehr so bedrohlich sind
mich nicht mehr in der Zerrissenheit halten

Aufatmend erfahre ich eine neue Perspektive
die mich nicht auf die Grenzen fixiert sein lässt
sondern auf den Handlungsspielraum
den es stets neu zu entdecken gilt

Rufe Du mich mit meiner Herzensstimme
zum Auszug aus der Kleinkariertheit
die mich entfernt von meiner Lebendigkeit
meiner umwerfenden Kreativität

Abstand gewinnen zu meiner Angstspirale
ist eine alltägliche Herausforderung
die ich dank der Unterstützung vieler
auch heute neu mit Entschiedenheit wage

69

Müde bin ich geworden auf meinem Friedensweg
eingeschlossen ist meine unermüdliche Lebenskraft
bitter sind die Nachrichten von all den Kriegen
in denen Tausende von Zivilistinnen sterben

Ganz leise ist meine Stimme geworden
meine Protestaktionen sind verstummt
meine Zweifel am Guten im Menschen wachsen
angesichts der Barbarei zu vieler Generäle

Mein Rückzug in die Kraft der Stille
ist mehr als enttäuschte Resignation
es ist mein verzweifelter Hoffnungsakt
durch die Distanz neue Perspektiven zu finden

Halte Du meine Ohnmacht mit mir aus
erinnere mich trotz allem an die Verbündeten
die mir meine Kraftlosigkeit zugestehen
damit daraus sich ein neuer Horizont abzeichnet

70

Suchend möchte ich bleiben ein Leben lang
obwohl ich von Dir immer schon Gefundener bin
tasten nach Sinn möchte ich in dunkeln Stunden
obwohl ich bewohnt bin vom göttlichen Licht

Mich sehnend nach kraftvollen Umarmungen
lasse ich mich durch liebevolle Augen-Blicke stärken
Ausschau halten nach bleibenden Friedenszeichen
will ich mit Verbündeten auf allen Kontinenten

Verunsicherungen aushalten möchte ich mit anderen
obwohl ein Aufbruch aus der Enge immer möglich ist
Zweifel durchleben mit Vertrauen möchte ich
obwohl so vieles frag-würdig unerklärlich bleibt

Meine innere Freiheit festigen möchte ich
in Selbstfürsorglichkeit und solidarischen Mitgefühl
meine Lebendigkeit nicht mehr unterdrücken
sie wird ansteckend sein für viele kreative Menschen

71

Mein Einverständnis mit dem Leben
möchte ich unermüdlich erneuern
auch in meinem hohen Alter
mit meiner zerbrechlichen Gesundheit

Einstimmen in den großen Dank
für alles Lebendige will ich
jeden Morgen beim Aufstehen
auch in Momenten der Verlorenheit

Ja sagen zu meiner Endlichkeit
staunend-dankbar mein Leben feiern
sind keine Gegensätze mehr
weil Werden und Sterben sich umarmen

Meine Lebensfreude kann auch wachsen
angesichts meiner alltäglichen Schmerzen
weil ich achtsam-mitfühlend all das Schöne
noch intensiver wahrnehme und auskoste

72

Verzweifeln könnte ich manchmal
angesichts all der Grausamkeiten
die beim Zeitungslesen aufscheinen
als großer Schrei nach Frieden

So viele Grausamkeiten wiederholen sich
im Verlauf der Menschheitsgeschichte
sie verdunkeln Deine göttliche Spur
die doch unsere tiefste Hoffnung ist

Trotzdem und erst recht erinnere
ich mich jeden Abend noch mehr
an all die kraftvollen Friedenszeichen
die sich heute weltweit ereignet haben

Niemals will ich mich an Kriege gewöhnen
nie wieder soll Fremdenfeindlichkeit
in beschämender Weise salonfähig werden
Du stärkst uns täglich unser Rückgrat

73

Verwandle mein bitteres Herz
das noch nicht verzeihen kann
in versöhnende Gesten
die meine Herzensenge weiten

Erinnere mich an all das Tragende
das uns nicht genommen werden kann
weil unsere Beziehung viel mehr ist
als die ungeklärten Konflikte

Aus tiefer Wertschätzung füreinander
trennen wir uns in einmaliger Würde
damit die Spirale der Verletzung
versöhnend durchbrochen wird

Wir lassen einander gehen
damit das Schöne bleibt
wir gestehen einander
wohlwollende Verwandlung zu

74

Seit Monaten warte ich als junge Frau
in einem Flüchtlingslager mit meinen Kindern
unverständlich ist mir diese unmenschliche Härte
die uns hier erbarmungslos gefangen hält

Mein Blick zum Himmel holt mich heraus
nährt meine Hoffnung auf Friedensbotinnen
die mit liebender Solidarität uns stützen
uns durch zärtliche Augen-Blicke berühren

Unfassbar bleibt der grausame Krieg
der uns aufbrechen ließ aus unserer Heimat
tiefe Wunden und Traumatisierungen
erschweren auch das Wachstum der Kinder

Nicht wenige verlieren ihren Verstand
in dieser zermürbenden Warterei
ich suche Dich mit großer Sehnsucht
als Vertrauenskraft in meinem Inneren

75

Gewaltfrei will ich mich engagieren
Widerstand wagen für den Frieden
Wut nach ihrem tieferen Grund befragen
sie verwandeln in kämpferische Taten

Danken will ich allen Widerstandskämpfenden
durch die Du als Friedensquelle wirkst
unerwartet tauchen in grausamen Zeiten
Friedensengel mit klarer Zivilcourage auf

Verbinden tue ich mich täglich
mit vielen Kindern und Jugendlichen
die Deinen Friedenstraum leben
in verrückt-kreativer Hoffnung

Ein Ende allen Waffenproduktionen
alle Atomwaffen vergraben sich selbst
Schluss mit allen Kriegen weltweit
we give peace a great chance

76

Vom Leben gebeutelte Mitmenschen
erfahren unerwartete Solidaritätszeichen
von der Gewalt gezeichnete Flüchtlinge
werden gastfreundlich aufgenommen

Zu viele verschanzen sich hinter
einem ausgrenzenden Nationalismus
verlieren so ihre echte Verwurzelung
Identität wächst durch Begegnungen

Du lässt Feinde einander die Hand reichen
bewegst Reiche zum wohltuenden Teilen
richtest Gebeugte zum Neuanfang auf
setzt egoistischem Handeln klare Grenzen

Unermüdlich will ich täglich erzählen
wie sich trotz erschreckender Parolen
der himmelschreienden Fremdenfeindlichkeit
viele Jugendliche zur Menschlichkeit bewegen

77

Wie abgeschnitten von mir selbst
fühle ich mich isoliert im fremden Land
all die erdrückenden Monate auf der Flucht
schleppe ich als Trauma mit mir

Mich sprachlich nicht ausdrücken können
hält mich wie in einem Verlies gefangen
wirft mich auf Kindheitsverwundungen zurück
versteinert meine Ausdrucksmöglichkeiten

Zum Glück fließen nachts meine Tränen
entladen mein verspanntes Körpergefühl
schenken mir Momente der Hoffnung
auf eine neue Zukunft in der Fremde

Im Meer der Ausweglosigkeit ertrinken viele
einige kommen wie ich an in einem Land
das uns überhaupt nicht willkommen heißt
wie wenn wir freiwillig aufgebrochen wären

78

Verwurzeln will ich mich jeden Tag neu
in ermutigende Weggeschichten
von inspirierenden Frauen und Männern
die Dich in sich wirken lassen

Unzählige Widerstandskämpfende
sind seit Jahrhunderten unterwegs
weil sie sich nicht gewöhnen
an grausame Unrechtsstrukturen

Du ermutigst uns aller Gewalt zum Trotz
zu einem farbenfrohen Aufstand für ein Leben
in dem alle Menschen in ihrer Würde
gesehen und angehört werden

Verwurzeln will ich mich alltäglich
in die belebende Schöpfungskraft
die mich hineinholt in Deinen Segen
der alles durchatmet und beseelt

79

Reiß uns heraus aus der lähmenden Resignation
stärke in uns jene ver-rückte Hoffnung
die all das Menschenfreundliche sieht
weltweiten Frieden mit vielen verwirklicht

Jeden Morgen entscheide ich mich neu
für eine gegenseitige Verstärkung
all der ermutigenden Friedenstaten
die Deine Gegenwärtigkeit ausstrahlen

Ohnmacht und Ängste nehme ich wohl wahr
überlasse ihnen jedoch nicht die Regie
weil täglich so viel Heilendes geschieht
inspiriert von Deiner Vertrauenskraft

Dankbar bin für all die originellen Mutanfälle
auch vieler kreativer junger Menschen
die mich zu einem Bewusstseinswandel
für notwendende Klimagerechtigkeit bestärken

80

Intensiv-leidenschaftlich leben möchte ich
eintauchen in den Vertrauensfluss
der mir tiefe Geborgenheit schenkt
mich zu Hoffnungsschritten bewegt

Geborgen-frei bin ich gut aufgehoben
in Deinem zärtlichen Entgegenkommen
das mich bei mir ankommen lässt
mich tief verbindet mit aller Kreatur

Schmerzvoll sind jene Momente
in denen ich wie abgeschnitten bin
von diesem Vertrauensfaden
der sich durch mein Leben zieht

Du stärkst mein Selbstwertgefühl
im Akzeptieren jener Grundspannung
in der Zweifel und Vertrauen
mich wirklich Liebender sein lassen

81

In der Musik gehe ich voll auf
verbinde Erde und Himmel
erfahre berauschende Momente
in denen ich voll da bin und ganz weg

Singen hebt das Trennende auf
verschiedene Stimmen finden sich ein
in einer gemeinsamen Melodie
die Unterschiede kreativ auflöst

Tanzend berge ich mich in Dir
in höchster achtsamer Präsenz
lebe ich berührende Hingabe
in selbstbewusster Selbstvergessenheit

Musik fördert multikulturelle Begegnungen
bewegt uns gemeinsam tief im Innersten
um uns gehen zu lassen bis zum Äußersten
getragen von Deiner Hoffnungsmelodie

82

Wie lange stimmen wir schweigend
den bestehenden Ungerechtigkeiten zu
entfernen uns von unseren Werten
aus einem feigen Harmoniebedürfnis

Stifte Du uns an zur Zivilcourage
in der gegenseitigen Stärkung
unseres notwendenden Selbstvertrauens
damit alle Menschen würdevoll leben können

Lebensfördernde Protestlieder singen wir
tanzend auf unseren Friedensdemonstrationen
verraten unsere Zukunftsvisionen nicht mehr
verwirklichen sie in solidarischer Eigenverantwortung

Prophetinnen und Propheten brauchen wir
die mit klugem Weitblick ausdrücken
was schon tief in unseren Herzen lebendig ist:
Menschlichkeit und Klimagerechtigkeit

83

Jahrelang wurde ich als naive Frau
missbraucht von einem perfiden Priester
der seine Macht schamlos ausnutzte
um seine sexuellen Defizite auszuleben

Wie versteinert ließ ich mehrmals
sexuelle Akte über mich ergehen
weil ich auch Teil eines Lügensystems war
in dem Opfern nicht zugehört wurde

Ein jahrhundertlanges frauenverachtendes
kirchliches Patriarchat schützt Täter
die sich hinter einem Naturrecht verstecken
das eine Klerikerelite beharrlich fördert

Fülle Du ihre Gesichter mit Beschämung
lass missbrauchte Frauen ihr Schweigen aufbrechen
lass ihr ausgeklügeltes System zusammenbrechen
durch unseren unermüdlichen Widerstand

84

Mit Leib und Seele bin ich Dein Haus
das durchweht ist von Deinem Segen
der mich transparent werden lässt
für Deine schöpferische Liebe

Ganzheitlich tauche ich täglich ein
in Deine zärtliche Geborgenheit
die mich lachen und weinen lässt
innehalten und aufbrechen lässt

In meinem tiefsten Seelengrund
nährst Du mich als Quelle
die aufrichtet zur Zivilcourage
in gewaltfreiem Widerstand

In Deinem Schöpfungshaus
bin ich tief verbunden mit allem
Tier-Wohl ist genauso wesentlich
wie Klimagerechtigkeit für alle

85

Lächelnd dem Leben begegnen
mein verkrampftes Gesicht lockern
meinen Dankbarkeitsraum betreten
in dem so viel Gutes aufgehoben ist

Freundlich den Mitmenschen begegnen
ein ansteckendes Lächeln bewirken
im tiefen Ein- und Ausatmen
eintauchen in den göttlichen Lebensatem

Lächelnd-freundlich für Mitgefühl einstehen
nicht mit verbissener Rechthaberei
sondern mit entschiedener Klarheit
Frieden in Gerechtigkeit fördern

Utopien eine kreative Chance geben
Visionen miteinander lustvoll entfalten
Träumen eine Plattform schenken
Unverhofftem ein Spielfeld eröffnen

86

Ich bin der Schatten meiner selbst
total erschöpft kann ich vor Müdigkeit
nicht mehr wirklich einschlafen
in zermürbenden Stunden der Nacht

Meine Lebensenergie fließt nicht mehr
Raubbau betrieben mit meinem Leib
finde ich keine Ruhe mehr in mir
bin ein Getriebener Tag und Nacht

Schreien und weinen möchte ich
auch dafür fehlt mir die Kraft
verstummt und schwer verkrampft
stehe ich mir selbst im Wege

Der Leidensdruck muss wachsen
damit ich endlich Hilfe annehme
groß ist meine Sehnsucht nach Dir
lass mich nicht an Dir vorbeigehen

87

Beim Wandern komme ich an bei mir
weil ich mich verliere und gehen lasse
endlich keine Gedanken mehr
einfach nur tief verbunden da sein

Anstrengend ist der schwierige Aufstieg
Schritt für Schritt erleichtert den Weg
nicht schon weiter oben sein zu wollen
leicht-schwer einfach weiter gehen

Auf dem Berggipfel weitet sich mein Blick
hoffnungsvolle Horizonte richten mich auf
schenken mir ein befreiendes Aufatmen
durchweht von Deinem heilenden Atem

Perspektivenwechsel wird mir geschenkt
in der Höhe relativiert sich so vieles
was unten gewichtig und unlösbar erscheint
aufgehen im Weitblick des Himmels

88

Die Bombenangriffe hören nicht auf
unsere Häuser sind grausam zerstört
weinende Kinder irren durch die Straßen
blutende Menschen schreien nach Hilfe

Himmelschreiende Kämpfe verdunkeln
unser Land am helllichten Tage
vergraben unsere Hoffnung auf Frieden
versteinern unsere Vertrauenskraft

Manchmal tauchen Friedensengel auf
mit ihrer heilenden Solidarität
die uns trotz vieler Zweifel erinnert
an den göttlichen Kern in jedem Menschen

Dich suchen wir trotzdem unermüdlich
erahnen Dich im liebevollen Blick
aller Pflegenden und Teilenden
die uns ein kleines Aufatmen ermöglichen

89

Du bist die Quelle aller zärtlichen Liebe
auch angesichts von Gewalt und Not
halte ich an meiner Hoffnung fest
dass die Liebe stärker ist als der Tod

Die Zerbrechlichkeit unseres Lebens
sowie des gesamten Kosmos
bringt mich manchmal ins Zweifeln
ob ein liebender Grund uns trägt

Diese Ungewissheit halte ich aus
indem ich noch aufmerksamer
alle liebenden Spuren wahrnehme
in der brutalen Härte unseres Lebens

All die Katastrophen und Erschütterungen
kommen auf gar keinen Fall von Dir
echte Liebe verwirklicht sich in
schöpferisch-begrenzter Freiheit

90

Endlich nicht mehr funktionieren
endlich einfach sein dürfen
endlich ankommen bei mir selbst
endlich Kontrolle aufgeben

Endlich sein in Begrenztheit
aufgehoben im ewigen DU
mein Hier und Jetzt auskosten
Leben und Sterben verbinden

Meine zerbrechliche Gesundheit
mein begrenztes Handeln
meine befreiende Unvollkommenheit
lassen mich menschlicher werden

In Dankbarkeit mein Leben lieben
mich von ihm tief berühren lassen
weil ich end-lich unterwegs bin
voller begrenzter Möglichkeiten

91

Mitten in der Nacht erwache ich
dünnhäutig-hilflos liege ich da
kann meiner Lebensangst leider
keine klaren Grenzen setzen

Keine Kraft zum Aufstehen
noch weniger zum Bekämpfen
meiner diffusen Angst
es würde sie eh nur stärken

Kostbar sind jene Momente
ich denen ich mich erinnere
im tiefen Ein- und Ausatmen
die Enge verlassen zu können

Mein tiefes Durchatmen
lässt mich manchmal
Deinen Lebensatem erahnen
als großes Lebensgeschenk

92

Abgeschnitten von mir selbst
eingehüllt in bedrückende Schwere
unfähig bewährte Hilfe anzunehmen
umzingelt von lähmender Angst

Mir freundschaftlich zu begegnen
fällt mir in Ohnmachtsmomenten schwer
dann suche ich Zuflucht in der Musik
ohne Bewertung lässt sie mich sein

Sie bricht meinen Panzer auf
manchmal gelingt es ihr sogar
mich wild-leidenschaftlich zu bewegen
mich im Innersten zu berühren

Musik stoppt mein Sorgenkarussell
sie bricht verhärtete Seiten auf
sie holt mich heraus aus Isolation
lässt Deine Hoffnungsmelodie erklingen

93

Du bestärkst mich mit viel Fantasie
in meine Kraft hineinzugehen
um meinen ureigenen Auftrag
in dieser Welt leben zu können

Aus Deiner inneren Kraftquelle schöpfen
mein Wachstumspotenzial entfalten
zugleich gut mit mir sein in Momenten
der dünnhäutigen Kraftlosigkeit

Einander gegenseitig das Rückgrat stärken
um Minderheiten besonders zu schützen
in ihnen ihre Lebenskraft freilegen
die unsere Gesellschaft bereichert

Kraftvoll-verwundbar sich engagieren
kraftvoll-verletzbar sich zumuten
kraftvoll-verunsichert sich einmischen
kraftvoll-begrenzt Dich leben

94

Friedenspfade möchte ich begehen
doch meine Füße wanken
angesichts der grausamen Kriege
die himmelschreiendes Leid bringen

Ganz behutsam suche ich erst recht
viele friedensengagierte Verbündete
die unermüdlich mit beharrlicher Geduld
brutale Waffenlieferungen verbieten

Zaghaft bleiben meine Friedensschritte
weil ich immer wieder strauchle
im Entsetzen über korrupte Regierungen
die Nahrungslieferungen verunmöglichen

Ganz unerwartet erinnerst Du uns
an all die mutigen Friedensengel
die im gewaltfreien Widerstand
der Hoffnung ein Gesicht leihen

95

Unsere Lebensfreude wird umwerfend sein
wir tanzen hinein in unsere Lebendigkeit
singen ansteckende Protestlieder
gehen voll auf im Klang der Musik

Du unsere Hoffnungsmelodie
stimmst uns ein in Dankeslieder
die wir mit Jung und Alt singen
als stärkende Vertrauenskraft

Singend-tanzend tauchen wir
ganzheitlich ein in Deine Liebe
stoppen all die negativen Worte
die uns voneinander entfernen

Stimmungsvoll entfalten wir
unsere farbenfrohe Lebenslust
in unserem großen Vertrauenskreis
in dem alle Ansehen erhalten

96

Alle faszinierenden Bäume des Waldes
drücken Deine Gegenwart in allem aus
erzählen von Deiner schöpferischen Kraft
die auch in meinem Innersten präsent ist

Der ganze Himmel strahlt Dein Licht aus
erinnert uns an den Himmel in uns
als unerschöpfliche Vertrauensquelle
die uns zu Klimagerechtigkeit bewegt

Die Wellen des Meeres ermutigen uns
zum wohltuenden Ein- und Ausatmen
um Werden und Sterben zu verinnerlichen
als Lebenskunst des Ein- und Loslassens

Zwischen Erde und Himmel
werden wir aufgerichtet zu uns selbst
lassen uns verwurzeln in Dir
lassen uns beflügeln zur Liebe

97

Hineintanzen in die Lebensfreude
möchte ich mein Leben lang
in leichten Tagen der Dankbarkeit
in schweren Tagen der Selbstzweifel

Tanzend kann ich verinnerlichen
was mich glücklich werden lässt:
vorwärts und rückwärts gehen dürfen
gewinnen und verlieren dürfen

Wenn nichts mehr geht im Leben
dann gehe ich trotzig voll los
setze meinem Sorgenkarussell
durch die Bewegung klare Grenzen

Tanzen verbindet mich weltweit
mit allen tanzenden Menschen
die auch hoffend-widerständig
die Ohnmacht tanzend aufweichen

98

Öffne meine Ohren
für all die guten Nachrichten
die heute weitererzählt werden
inspiriert durch Deinen Spirit

Öffne meine Augen
für all die unerwarteten Wunder
die all-täglich auftauchen
grundgelegt durch Dich

Öffne mein Herz
für Deinen Lebensatem
der mich verwurzelt
in Deinem Kosmos

Öffne unsere Sinne
für eine staunende Dankbarkeit
die uns hineinwachsen lässt
in eine weltweite Verbundenheit

99

Ordnen möchte ich mein Leben
nicht in fremdbestimmter Angst
sondern als befreiende Einladung
mich nicht zu verlieren in der Fülle

Lebensstruktur möchte ich kultivieren
die Kraft der Rituale pflegen
auch gut für mich selbst sorgen
mir immer wieder Vertrauen holen

Rhythmus möchte ich einüben
gemeinsam uralte Bräuche
kreativ-lustvoll erneuern
im Familien- und Freundeskreis

Feste Ruhepausen mir schenken
aus Verantwortung für das Ganze
im gesammelten Präsentsein
die Friedenskraft weltweit verstärken

100

Deiner liebenden Segenskraft
möchte ich mich anvertrauen
sie im beseelten Raum
im ganzen Kosmos erfahren

Zweifel holen mich manchmal ein
das Leben und die Schöpfung
sind nicht nur bezaubernd schön
sondern auch schmerzvoll zerbrechlich

Trotzdem folge ich jener Hoffnungsspur
in der ich Dich als liebenden Atem
in mir entfalte im tiefen Durchatmen
das mich mit allem verbindet

Zukunftsängste und Verlorenheit
gehören zu meiner Trotzdem-Hoffnung
ich lasse sie ein Leben lang
verwandeln dank Deiner Präsenz

101

Die Flut der erdrückenden Meldungen
wächst und wächst ins Unermessliche
sie kann meinen Blick auf die Welt
einzig aufs Negative fixieren

So eine dunkle Perspektive
lasse ich auf keinen Fall zu
ich schütze mich noch bewusster
vor einseitig-schlechten Nachrichten

Schönreden werde ich unsere Welt nicht
Zukunftsängste sind berechtigt
ihnen halte ich einen langen Atem
der Hoffnung und des Vertrauens entgegen

Ich kann jeden Morgen neu entscheiden
wie viel Futter meine Angst bekommt
wie viel Nahrung meine Zuversicht erhält
im Schöpfen aus Deiner inneren Quelle

102

Verbogen wurde ich schon als Kind
heftig geschlagen und gedemütigt
mein Zuhause war ein Angsthaus
in dem ich immer mehr verstummte

Meine Kindheit habe ich verloren
noch schlimmer war das Grundgefühl
keinem Menschen vertrauen zu können
eingeschüchtert in all meinem Tun

Geknickt war mein Selbstwertgefühl
zerbrochen mein Urvertrauen
vergraben meine Hoffnungsspur
verdunstet mein Glaube an das Gute

Dreißig Jahre danach misstraue ich
dem Gerede eines liebenden Daseins
in dem ich mich getragen fühlen könnte
immerhin bleibt die Sehnsucht danach

103

Aus Deinem zärtlichen Segen leben
ist mir jeden Tag eine Inspiration
all mein Tun und Wirken ist entlastet
weil ich aus dieser Quelle schöpfen kann

Deine Präsenz in allem gutzuheißen
bewegt mich zum dankbaren Staunen
wir brauchen nicht nur Dich
sondern Du brauchst auch uns

Segnend mein Engagement entfalten
in kraftvollen Tagen der Hoffnung
in schwierigen Momenten der Zweifel
im Auf und Ab darf ich Segen sein

Segnend stehe ich im Leben
in der tieferen Verbundenheit
mit Lebenden und Verstorbenen
weil Deine Liebe alles umfängt

104

Tiere sind beseelt von Dir
wunderbar-kreativ ist
Deine Schöpfung mit ihrer
bezaubernden Vielfalt

Das Wohl der Tiere einzufordern
in kämpferischer Demut
mit ihnen wie Franz und Klara
von Assisi in einem Dialog sein

Tiere helfen uns Menschen
dem Leben zuliebe in Klarheit
einer zerstörerischen Ausbeutung
entschiedene Grenzen zu setzen

Gesegnet sind all die Tiere
sie erinnern uns wohltuend
an Deine schöpferische Fantasie
die uns täglich neu geschenkt wird

105

Mein Vertrauen ins Leben wächst
dank der heilsamen Erinnerung
tief eingebunden zu sein
in eine große Hoffnungsgeschichte

Grausam und brutal können
Menschen sich entfremden
von ihrer Lebensaufgabe
achtsam-mitfühlend zu sein

Meine ver-rückte Hoffnung
dass die Liebe stärker ist
erneuere ich jeden Tag
aller Ungerechtigkeit zum Trotz

Ich erzähle mir und anderen
Aufbruchsgeschichten aus
ausweglosen Situationen
die immer neu geschehen

106

Unser kollektives Unterbewusstsein
prägt uns mehr als wir wollen
schreckliche Kindheitserfahrungen
sind gespeichert in unserem Leib

Subtile Angstbotschaften hindern uns
dem Leben vertrauensvoll zu begegnen
niemand kann aus seiner Geschichte
aussteigen und sie verleugnen

Jeden Morgen ereignet sich
eine ganz neue Schöpfung
so viel Wunderbares lässt sich
im ganz Alltäglichen entdecken

Hoffnungsvolle Auf(er)stehungskraft
ist als Geschenk in uns angelegt
um einer traurigen Vergangenheit
mit der Kraft des Jetzt zu begegnen

107

Merci la vie
heißen meine ersten Worte
die ich mir beim Erwachen
immer wieder laut zuspreche

Auch in schweren Tagen
danke ich dem Leben
gar nichts ist selbstverständlich
täglich wird mir so viel geschenkt

Der Raumpflegerin danken
für unser sauberes Treppenhaus
dem geduldigen Pflegepersonal
dem pfeifenden Straßenreiniger

Dankbarkeit bereichert mein Leben
erinnert mich an den Hoffnungskreis
der mich über den Tod hinaus verbindet
Du bist da als Quelle mitten drin

108

Himmelwärts mich aufrichten lassen
herausgeholt werden aus der Enge
mit offenen Augen innehalten
im staunenden Singen und Musizieren

Meinen inneren Ruheort betreten
verweilen im stillen Dasein
mit geschlossenen Augen
eingebunden in Deine Präsenz

Morgens schon in allem
Dich als Hoffnungsgrund feiern
im Alltäglichen das Heilige sehen
das zur Dankbarkeit bewegt

Abends die Vielfalt des Tages lassen
Dein heilender Geist atmet auch
in meinem Schlaf tief in mir
verbindet mich stets mit allem

109

Skrupellos handelten sie
mein ganzes Vermögen ist weg
meine Wut ist grenzenlos
wie konnte mir das passieren

Wie kann ich je wieder vertrauen
einmal mehr verlieren die Kleinen
die geldgierigen Spekulanten
werden kaum haftbar sein

Unser Haus werden wir verlieren
wie kann ich mein Gesicht
vor meiner Familie bewahren
angesichts meines Versagens

Werde ich neue Kraft finden
um nochmals neu anzufangen
wirst Du mich hinausführen
aus diesen Unrechtsstrukturen

110

Frauen und Männer brauchen wir
die Erde und Himmel verbinden
sich kämpferisch engagieren
sich zurückziehen in die Stille

Aufgehoben soll die Trennung sein
zwischen dem Alltäglichen und Heiligen
in allen Lebensvollzügen ereignet sich
Deine hoffnungsvolle Gegenwart

Ich schöpfe täglich Hoffnung
dank meiner Verwurzelung
in viele Aufbruchserfahrungen
aus schweren Lebenssituationen

In meinem begrenzten Handeln
scheint Deine kraftvolle Präsenz auf
die heilend-versöhnend wirkt
in gewaltfreiem Widerstand

III

Zuneigend und mitfühlend suchen wir
überzeugende Vertrauensschritte
die viele Menschen aufrichten
zu einer engagierten Zivilcourage

Lachend und weinend erahnen wir
unser unerschöpfliches Potenzial
in dem Du atmest als heilende Kraft
die versöhnend zwischen uns wirkt

Jeden Morgen lasse ich mich neu ein
auf diese Hoffnungsperspektive
die ich all den grausamen Nachrichten
gezielt und bewusst entgegensetze

Ohnmacht und Resignation sollen nicht
die Regie übernehmen in meinem Tun
kreativ-verspielt wandle ich sie um
in not-wendenden Neuanfängen

112

Glücklich werde ich als Teilender
mit-teilend wächst meine Lebensfreude
mit-teilend fließen meine Tränen
mit-teilend unterstütze ich Notleidende

Glücklich werden wir als Vertrauende
die dunkelste Nacht wird erhellt
durch uns als segenserfüllte Wesen
durch die das Göttliche transparent wird

Glücklich werde ich als gelassener Kämpfer
für eine mitfühlend-zärtlichere Welt
in der ich in gewaltfreiem Widerstand
mich auch ohne Applaus exponiere

Glücklich werden wir als Liebende
alltäglich schöpfen aus Deiner Quelle
die immer schon auf uns wartet
als inspirierende Segenskraft

113

Ohne berufliche Perspektive
verstecke ich meine Armut
schäme mich meiner Familie
so einen Absturz anzutun

Der Gang zum Sozialamt
ist für mich entwürdigend
in einem reichen Land
sind Schulden nicht vorgesehen

Du hebst Arme vom Dreck auf:
Wie kann ich diesen Worten trauen
wenn Arme immer ärmer werden
Reiche ihr Vermögen verdoppeln?

Lass mich mit beharrlicher Geduld
zu meiner Hoffnungskraft zurückfinden
auch durch solidarische Gesten
die Du mir unerwartet schenken wirst

114

Das Licht ist stärker als die Dunkelheit
Du führst uns hinaus aus harten Zeiten
hinein in eine neue Lebensqualität
in der Klimagerechtigkeit wirksam wird

Die Liebe ist stärker als die Gewalt
in gewaltfreier Kommunikation
kann unsere Wut verwandelt werden
in beziehungsfördernde Konfliktfähigkeit

Du inspirierst uns zum Aufbruch
dank vieler weiser Hoffnungsgeschichten
die Menschen in ihrer einmaligen Würde
zum solidarischen Handeln bewegen

Friede in Gerechtigkeit ist möglich
schon heute durch viele Träumende
die Dich in sich träumen lassen
als tiefsten Vertrauensgrund

115

Segnend bleibe ich suchend unterwegs
öffne mich für die heilende Kraft
die uns Menschen geschenkt wird
durch Deinen heilenden Atem

Segnend erhebe ich meine Stimme
lasse mich nicht durch Unrecht entmutigen
unermüdlich meine Augen-Blicke
auf Friedensstiftende zu richten

Segnend bleibe ich kraftvoll-verwundbar
betrete täglich meinen inneren Ruheort
in dem Du mich zärtlich erwartest
mich tief verbindest mit allem

Segnend begegne ich Menschen
im Transparent-Sein für Dich
segnend begegne ich Erde
und Kosmos staunend-dankbar

116

Meine Trauer ist grenzenlos
einen liebsten Menschen
vertrauensvoll gehen zu lassen
ist so unendlich schmerzvoll

Mein Tränenfluss weicht
die Härte des Abschieds auf
in mir stirbt meine Liebe
die unsterblich bleibt

Mein Herz ist tief verwundet
ich schreie Tag und Nacht
bin brutal abgeschnitten
umherirrend in Verlorenheit

Du gehst mit mir behutsam
durch diese Verzweiflung hindurch
sendest mir vielleicht Engel des Trostes
die den Schmerz mit mir aushalten

117

Wunderbares geschieht Tag für Tag
verfeindete Geschwister verzeihen einander
zärtliche Gesten berühren zu Tränen
Waffenstillstand wird endlich wirksam

Heilende Momente ereignen sich täglich
brutaler Krebs eines Kindes wird gestoppt
traurige Diagnosen treffen nicht ein
Luftqualität verbessert sich endlich

Unerwartete Begegnungen beglücken
Du durchbrichst unsere Dunkelheit
mit Deinem wärmenden Licht
das durch viele Menschen durchscheint

Tief ein- und ausatmend danke ich Dir
für all die kreativen Hoffnungsfunken
die mitten im Auf und Ab des Lebens
vom Wachsen der Liebe erzählen

118

Ich suche Dich nicht mehr
Du bewohnst mich seit immer
mit Deinem freundlichen Segen
der mich innerlich aufrichtet

Sogar in dunklen Stunden
verlasse ich mich behutsam
auf Deine innere Begleitung
auch wenn ich sie kaum spüre

Wir sind nicht getrennt von Dir
Du beseelst alle und alles
den ganzen Kosmos
durchflutest Du mit Liebe

Heilend-segnend versuche ich
täglich dem Leben zu begegnen
Deine Spur im Wunderbaren
und im Schweren zu entdecken

119

Eintauchen will ich in Hoffnungsworte
sie freilegen in meiner Geschichte
mit Leib und Seele sie verinnerlichen
als stärkende Wegbegleitung

Der Grausamkeit des Lebens
will ich nicht jene Macht überlassen
die uns entfernt vom Potenzial
das uns am Schweren wachsen lässt

Schreien und Stampfen festigen
mein not-wendendes Selbstwertgefühl
sie verbinden mich mit Menschen in Not
die sich auch nicht verbiegen lassen

Nach deiner befreienden Unterstützung
sehne ich mich mit Jung und Alt
die weltweit Dich ganzheitlich erfahren
als segnende Widerstandskraft

120

In gewaltfreier Kommunikation
versuche ich kämpferisch-gelassen
Frieden hartnäckig einzufordern
ohne rechthaberisch zu verurteilen

Mein Gerechtigkeitssinn ist groß
niemals werde ich akzeptieren
dass so viele hungernde Menschen
in Härte ums Überleben ringen

Meine Friedenssehnsucht ist stärker
sie lässt mich Verbündete finden
die auch utopisch aufbrechen
für eine neue Wirtschaftsordnung

Einander wertschätzend begegnen
ohne schädigende Kompromisse
ist eine anspruchsvolle Gratwanderung
darin ereignest Du Dich unermüdlich

121

In meinem Wanken und Stolpern
vertraue ich aufgefangen zu werden
in einem liebenden Lebenskreis
der Leben und Sterben umfängt

Auch in meinen Umbrüchen
kann ich einen Durchbruch erfahren
der mich in eine größere innere
Freiheit führt in meinen Beziehungen

Vertrauensvoll gehe ich meinen Weg
erahne ein wohltuendes Behütetsein
im Schweren und in der Leichtigkeit
das mich immer wieder aufatmen lässt

Mein Aufbrechen und Ankommen
mein Gelingen und Scheitern
mein Hoffen und Zweifeln
führst Du zu einem Ganzen zusammen

122

Frieden in Gerechtigkeit verwirklicht sich
in all den Frauen und Männern
die mit Entschiedenheit und Humor
in großer Kreativität aufbrechen

Frieden buchstabieren wir unermüdlich
im alltäglichen Ringen und Streiten
in fordernden Protestbriefen
in verzeihenden Miteinander

Friede taucht leidenschaftlich auf
in tanzenden Jugendlichen
die Menschenrechte hineinholen
in ihren Schul-und Berufsalltag

Friede durchwirbelt unsere Ohnmacht
zeigt unerwartet Deine Segenskraft auf
die in Jung und Alt durchscheint
für Menschlichkeit und Klimagerechtigkeit

123

Verspottet und gedemütigt werde ich
verbogen und vernachlässigt bin ich
seit Kindesbeinen brutal ausgegrenzt
wegen meinen Behinderungen

Schwer fällt es mir vertrauensvoll
mich auf Begegnungen einzulassen
zu tief sind meine Verwundungen
die mich entfremden vom Leben

Ab und zu erfahre ich Hoffnungsfunken
durch einen wertschätzenden Augen-Blick
der meinen ängstlichen Blick verwandelt
in ein aufrichtendes Zusammensein

In Klugheit mich noch mehr schützen
ohne mich verbittert abzuschotten
heißt meine Hoffnungsspur
die Du mir freilegst im Alltag

124

Kleinkriegen lasse ich mich nicht mehr
keine Macht mehr sollen jene erhalten
die neidisch sind auf meine Gaben
ich entfalte sie zum Wohle vieler

Niederdrücken lasse ich mich nicht mehr
vorsichtig werde ich ihre Fallen umgehen
in Klugheit mich nicht in abwertenden Muster
verlieren und meine Gesundheit gefährden

Aufrichten lassen werde ich mich durch DICH
im Schöpfen aus Deiner göttlichen Quelle
die Menschen zu sich selbst befreit
sie zum aufrechten Gang ermutigt

Dankbar bin ich jeden Tag neu für alle
die mich bestärken zur Selbstverwirklichung
weil unsere Welt beherzte Menschen braucht
die sich nicht fremdbestimmen lassen

125

Trotz allem vertraue ich auf Fairness
als Grundlage unserer Menschlichkeit
erneut setze ich mich für faire Löhne ein
faire Konfliktfähigkeit stärkt Beziehungen

Trotz allem verlasse ich mich auf Ehrlichkeit
authentische Frauen und Männern
fördern Begegnungen auf Augenhöhe
die wohltuende Atmosphären ermöglichen

Trotz allem verbinde ich mich vielen
die trotz Rückschlägen Gutes tun
sich nicht aufhalten lassen von Korruption
die unsere Gesellschaft vergiftet

Trotz allem folge ich Deiner göttlichen Spur
die sich unaufhaltsam als liebende Kraft
im ganzen Kosmos entfaltet
als sinnstiftender Zusammenhalt

126

Träumende suche ich überall
Menschen mit einem Hoffnungsblick
ver-rücke Du unsere engen Grenzen
zeige uns neue Wege des Miteinanders

Träumende erwachen zum Glück
sie entdecken utopische Möglichkeiten
die unsere Welt zum Guten verändern
weil wir angstfrei Teilende werden

Träumende brauchen wir immer
Jung und Alt auf einem Vertrauensweg
im Verlassen unserer Komfortzonen
in der Begeisterung für neue Ideen

Träumende verwandeln den Alltag
entdecken staunend das Wunderbare
sogar im unangenehmen Kleinkram
blicken sie regelmäßig himmelwärts

127

Kämpferische Gelassenheit möchte ich leben
mit Entschiedenheit mehr Menschlichkeit fördern
meine Stimme laut erheben für Gerechtigkeit
in der Stille die Friedenskraft weltweit stärken

Auch ich habe einen ureigenen Auftrag
den nur ich erfüllen kann auf dieser Welt
zugleich kommt es nie nur auf mich an
weil DU mitgestaltest in all meinem Tun

Eine Balance zwischen Aktion und Meditation
möchte ich jeden Tag achtsam erneuern
in einer wohlwollenden Grundhaltung
dass es mir mehr oder weniger gelingt

Keinen Hamsterradaktionismus mehr
nachhaltig wird unser notwendiger Einsatz
im Rhythmus von Kampf und Kontemplation
im Schöpfen aus meinen Ressourcen

128

Miteinander ein köstliches Essen genießen
bei dem wir einander gegenseitig zuhören
ist eine Wohltat an Leib und Seele
die Deine Präsenz durchscheinen lässt

Danken möchte ich jeden Tag neu
für all die gesunden Nahrungsmittel
die von so vielen im Hintergrund
gepflanzt und geerntet werden

Kostbar sind all jene Momente
in denen wir in einem Restaurant
bezaubernde Gastfreundschaft erfahren
in der Menschen vieler Kulturen zu Hause sind

Erde und Himmel werden wunderbar verbunden
im gemeinsamen Mahl der Dankbarkeit
in dem wir auch Dich lebensfroh genießen
als sinnlich-stärkende Segenskraft

129

Scheitern werden all jene
die hasserfüllt Gewalt säen
demokratische Entscheide
mit Hohn und Spott verachten

Voller Angst ist die Gefahr groß
in einer panischen Wut
gewaltvoll zurückzuschlagen
sei es auch nur innerlich

Erst recht will ich noch mehr
den Friedensort in mir besuchen
in dem ich auch zu meinen
gewaltvollen Anteilen stehe

Stärke Du als Friedenskraft
unseren gewaltfreien Widerstand
verwandle unseren Zorn
in friedvolle Konfliktfähigkeit

130

Aus der Tiefe sehne ich mich
nach friedvollen Menschen
die sich intensiv einsetzen
für Frieden in Gerechtigkeit

Mitten in der Nacht holen
mich zermürbende Zweifel ein
wann lernt die Menschheit
aus ihrer gewaltvollen Geschichte

Aushalten will ich meine Fragen
erneuern will ich erst recht
mein Vertrauen in die Verwandlungskraft
ganz unterschiedlicher Menschen

Mit Dir als innerer Hoffnungskraft
verbinde ich mich noch mehr
mit all den Frauen und Männern
die mit Zivilcourage friedvoll leben

131

Kostbar sind jene Momente der Stille
in denen ich endlich einfach sein darf
kein zermürbendes Gedankenkarussell
kein anstrengendes Kopffilmprogramm

Einfach still und ruhig da sein genügt
lässt mich erahnen wie Deine Quelle
immer schon auf mich wartet
als verbindende Segenskraft

Aufatmen kann ich in der Stille
regelmäßig tief ein- und ausatmend
manchmal ganz unerwartet
ohne Gedanken verweilen im Jetzt

Stillsein schenkt mir heilende Kraft
stärkt in mir meine Hoffnung
auch dadurch die Friedenskraft
weltweit verstärken zu können

132

Mitten in der Härte des Lebens
einander schweigend beistehen
mit duftendem Öl sich gegenseitig
die Hände segnend massieren

Mitten im großen Weltschmerz
einander lächelnd begegnen
Dich feiern als Vertrauenskraft
die als innerste Mitte in uns ist

Mitten im schmerzvollen Abschied
eines geliebten Mitmenschen
vom unendlichen Leben erzählen
in das wir liebend eingebunden sind

Mitten in den zerstörten Häusern
einander zärtlich umarmen
berührende Chansons singen
die erinnern an heilende Solidarität

133

Freundschaft ist etwas Wunderbares
im Auf und Ab unseres Lebens
eine wohltuende Vertrautheit spüren
in der ich groß und klein sein darf

Freundschaft ist ein Geschenk
das wie alles Wesentliche im Leben
zum Glück nie machbar ist
sondern uns unerwartet zu-fällt

Freundschaft braucht Pflege
Wertschätzung und Konfliktfähigkeit
das Verbindende miteinander genießen
zu dem auch eine kreative Vielfalt gehört

Dich als Quelle aller Freundschaft erahnen
als das Verbindende in der Verschiedenheit
als das Geborgene in der Einladung zur Freiheit
als das Bestärkende sich mit allem zuzumuten

134

Dich segnen mit jedem Atemzug
gutheißen wie viel Kraftvolles geschieht
in all unseren Lebensvollzügen
manchmal sogar mitten im Zweifeln

Dich als tiefsten Lebensgrund feiern
unscheinbar ganz im Stillen
will ich mich einstellen auf Dich
meine stärkende Segenskraft

Raum und Zeit sind wie aufgehoben
im Eintauchen in Deine Präsenz
die alles belebt und umhüllt
unbegreiflich und doch ganz nah

In unzähligen Begegnungen
Menschen liebevoll erinnern
dass sie ein großer Segen sind
in ihrer Transparenz für Dich

135

Dankend das Leben vertiefen
Gelungenes wertschätzen
auch sich selber Anerkennung
zusprechen und ausdrücken

Einander wertschätzend begegnen
das Stärkende bewusst benennen
sich nicht aufhalten beim Schwierigen
sondern das Aufbauende würdigen

Komplimente annehmen können
die Freude darüber zeigen
die Entfaltung der Talente genießen
das Lob an den Himmel weitergeben

Andern öffentlich mitteilen
was ich an ihnen schätze
Wertschätzung und Kritik
stärken ausgeglichene Beziehungen

136

Erde und Himmel erzählen tanzend
vom zärtlich-göttlichen Segen
den wir mit jedem Schluck Wasser
mit größter Sinnlichkeit erfahren

Licht und Sonne berühren uns
zu einer ansteckenden Hoffnung
die den Sog der Negativität
kreativ-farbenfroh durchbricht

Mond und Sterne laden uns ein
mit dem Dunkel befreundet zu sein
erinnern uns wie befreiend
Licht und Schatten zusammengehören

Kraftvoll-zerbrechlich möchte ich
den Rhythmus des Lebens akzeptieren
als Einladung im ständigen Wechsel
von Gelingen und Scheitern zu wachsen

137

Lass mich in leiser Dankbarkeit
mich erinnern an die Begegnungen
die mein Selbstwertgefühl stärken
die mein Vertrauen nähren

Eintauchen möchte ich täglich
in jene tiefe Verbundenheit
ohne die ich nicht leben könnte:
Deine Gegenwart in allem

Auch gut mit mir selbst sein
solidarisch mit Notleidenden
schenkt mir eine Balance
in der ich glücklich unterwegs bin

Schmerzvoll-heilende Tränen
berührende Glückstränen
mögen mich vertrauensvoll
aufrichten zu mir selbst

138

Mich verneigen vor dem Leben
mein Einverständnis mit dem Jetzt
in leiser Dankbarkeit verinnerlichen
ohne das Schwere auszuklammern

Kommen auch Tage der Verlorenheit
in denen ich mich selbst nicht verstehe
ich lasse mich vom heilenden Lebensatem
begleiten Atemzug um Atemzug

Alles ist eine Frage der Perspektive
Versöhnung mit dem Leben wird möglich
wenn das Unangenehme aufgeweicht wird
durch die tägliche Würdigung des Schönen

Mich verneigen vor meiner Geschichte
auch in all dem Durch-kreuzten sehen
welch heilender Reifeprozess sich durch
schmerzvolle Erfahrungen ereignen kann

139

Du hast mich so wunderbar geschaffen
bei Dir zählen weder der Herkunftsort
noch die akademischen Titel
noch die sexuelle Orientierung

Deine Liebe ist die segnende Kraft
die allen Menschen ihre Würde schenkt
die verpflichtet in Freiheit und Toleranz
gemeinsam in der Vielfalt unterwegs zu sein

Jeden Morgen ereignet sich in Kreativität
Deine schöpferische Liebeskraft
die den ganzen Kosmos beseelt
uns zur Klimagerechtigkeit aufruft

Auch in dunklen Momenten der Selbstzweifel
erneuerst Du ein berührendes JA in uns
das wir erfahren und feiern können
durch zärtlich-respektvolle Begegnungen

140

Mitten in der Nacht erwache ich schwer
schweißgebadet durch meine Albträume
die mich zu meinen tiefen Wunden
meiner verlorenen Kindheit führen

Eine lähmende Angst vor dem Leben
umzingelt mich mit ganzer Wucht
wie abgeschnitten bin ich von allem
eingeschlossen in meinem Schmerz

Einzig das tiefe Ein- und Ausatmen
öffnet mir ab und zu einen Spalt
zum befreienden Vertrauen
eines heilenden neuen Morgens

Seit Menschengedenken erneuerst Du
die segnend-heilende Verheißung
im Gang in dunkle Lebensmomente
von innen her aufgerichtet zu werden

141

Ich vertraue der Kraft der Meditation
die wie das konkrete Zupacken
so vieles zum Guten verändern kann
weil Aktion und Stille sich ergänzen

In der Stille lässt sich vieles setzen
dank der Distanz zum Alltag
kann ich mit Besonnenheit
mich wehren für die Menschenrechte

Im Innehalten erinnere ich mich
an jene not-wendende Friedenskraft
die Du tief in uns angelegt hast
für eine menschlichere Welt

Schützen will ich mich täglich
vor all den negativen Gedanken
die mein Handlungspotenzial
lähmen und kleinhalten wollen

142

Meine Verzweiflung ist unendlich
meine Trauer überschwemmt mich
meine Schreie und Tränen
bleiben leider blockiert in mir

Der Tod meiner jungen Tochter
erschüttert mich zutiefst
es ist wie wenn man mir
mein Herz herausreißt

Trost suche ich Tag und Nacht
doch ich bleibe versteinert
in meinem Schmerz gefangen
abgeschnitten vom Vertrauen

Ein Hoffnungsfunke bleibt mir
ein leises Erahnen von Tiefgang
der mich zum Wesentlichen führt
zum Vertrauen im Nichtvertrauen

143

Du versöhnst mich mit meinem Leben
lässt mich dankbar innerlich spüren
wie ich auf verschlungenen Pfaden
aufrichtigen Ganges unterwegs bin

Meine inneren und negativen Kritiker
schicke ich regelmäßig in Urlaub
ihre Einflussnahme wird kleiner
im Hervorheben des Gelungenen

Auch mir selbst verzeihen können
annehmen wie alles Stückwerk bleibt
Verletzungen auch in Beziehungen
auf Augenhöhe vorkommen können

Konfliktfähigkeit und Versöhnungskraft
fördern eine Mitmenschlichkeit
in der die Vielfalt in der Verbundenheit
intensiv-lebensfroh gestaltet wird

144

Kraftvoll-zerbrechlich sind wir Menschen
ein Leben lang voll Licht und Schatten
befreiend entlassen zur Unvollkommenheit
im gegenseitigen Lernen aus Fehlern

Dich feiern als versöhnende Balance
in der wir uns nicht im Stich lassen
uns mit Entschiedenheit wehren
für eigene Rechte und Menschenrechte

Im Annehmen unserer Endlichkeit
können wir die Schönheit des Lebens
noch mehr genießen und auskosten
all das Wunderbare täglich wahrnehmen

Werden und Sterben schenkt uns
ein Leben in intensiver Fülle
mit Lachen und Weinen
mit Leichtigkeit und Schwere

145

Zuneigend und mitfühlend
erfahre ich das Göttliche
in vielen zärtlichen Gesten
dir mir täglich geschenkt sind

Stärkend und belebend
schöpfe ich aus meiner
inneren Kraftquelle
die mich verbindet mit allem

Das Leben wähle ich
in gewaltfreiem Widerstand
für die Menschenrechte
die allen würdevoll zustehen

Transparent möchte ich bleiben
für jene ermutigende Segenskraft
die mich gut mit mir selbst sein lässt
solidarisch mit Menschen am Rande

146

Meine Verwurzelung in Deine Utopien
lassen mich viele Verbündete finden
die auch ver-rückt hoffen auf eine Welt
in der alle ihre Würde erfahren

Nahrung für alle Menschen weltweit
gleiche Rechte auch für Minderheiten
Toleranz für Menschen am Rande
Solidarität mit Benachteiligten

Glück wird große Kreise ziehen
im Verwirklichen Deiner Vision
eines gemeinsamen Unterwegsseins
in einer kreativen Verschiedenheit

Vertrauen in das Gute im Menschen
buchstabieren wir jeden Tag neu
lassen uns zum engagierten Aufbruch
aus Liebe zum Leben bewegen

147

Tief Verwundete erfahren heilende Momente
dank der Erinnerung mehr zu sein als Schmerz
die vertrauensvoll Selbstheilungskräfte weckt
im Verlassen einer lähmenden Opferrolle

Schwer Traumatisierte befreien sich
im Ausdrücken von Wut und Trauer
das im Schöpfen aus der inneren Quelle
behutsam-tastend gefördert wird

Du bist unsere innere Heilkraft
die wir erfahren dank der Bereitschaft
Dunkles nochmals zu durchwandern
vertrauend auf das Licht am Tunnelende

Zorn und Zärtlichkeit umarmen sich
Rebellion und Annahme ergänzen sich
Hoffnung und Zweifel schenken Zuversicht
in das leise Erahnen eines neuen Morgens

148

Deine liebend-hoffende Segenskraft
erahnen wir im ganzen Kosmos
weil alles schöpferisch beseelt ist
wesentlich miteinander verbunden

Tiere sind Dein kreativer Lobpreis
Bäume verbinden Erde und Himmel
erinnern uns tief verwurzelt zu sein
im wunderbaren Schöpfungskreis

Kinder sind mir spirituelle Begleiter
spielerisch sind sie transparent
ermutigen mich zum leidenschaftlich-
gelassenen Umgang mit Grenzen

Jung und Alt wagen Neuaufbrüche
die verschiedene Generationen
zum kreativen Protest für das Leben
zusammenführen als Segenszeichen

149

Deine Hoffnungsmelodie erklingt
im solidarischen Chor der Nationen
unterstützt vom Weltorchester
das Grenzen aufbricht zur Begegnung

Cello und Fagott spielen sich im Dialog
hinein in die faszinierende Kraft der Musik
die Menschen verschiedener Kulturen
zum Friedenstanz aufbrechen lässt

Schlagzeug und Trompete wecken
uns aus dem Schlaf der Resignation
wir schütteln unsere Ohnmacht ab
lassen uns zum Vertrauen bewegen

Musik berührt mich im Innersten
heilt meine schweren Verletzungen
lässt mich hautnah-sinnlich erfahren
verwundet zärtlich aufgehoben zu sein

150

Du sinnlicher Lebensatem
berühre mich zur Hoffnung
schenke mir Verwandlung
sei meine ruhende Mitte

Geheimnisvoll-nah übersteigst
Du all mein Denken und Fühlen
bist immer schöpferisch-werdend
meine sinnstiftende Lebensspur

Dankbar-staunend eintreten
in jene ver-rückte Hoffnung
durch den Schmerz hindurch
heilendes Miteinander zu erleben

Dich leben mit ganzem Herzen
freundschaftlich mit mir selbst
mitfühlend in Beziehungen
aufgehoben im Segenskreis

Nachklang

»Merci la vie«, heißen jene drei Worte, die ich mir jeden Morgen laut zuspreche. Ich drücke damit mein all-tägliches Staunen über das Geschenk meines Lebens aus, dass ich im tiefen Ein- und Ausatmen als Segen feiern kann. Auch an Tagen, an denen ich schwer erwache und Angst vor dem Leben habe, versuche ich, sie auszusprechen. Wenn mir dies nicht möglich ist, dann bleibt mir immer noch meine Sehnsucht, dankend mein Leben vertiefen zu können. In dieser Kurzformel meines Glaubens verdichte ich, dass ich mein Dasein einem liebend-göttlichen DU verdanke. Dankbar erfahre ich in meinen persönlichen und beruflichen Beziehungen, im Verweilen in der Natur und durch viele unscheinbare, alltägliche Dienstleitungen (Pflegepersonal, Paketzustellende, Straßenreinigung, öffentlicher Verkehr) das Verbindende meines Lebens, den heilend-göttlichen Lebensatem. All diese bunten Facetten des Dankes fließen hinein in das klein-große Wort »DU«, das auch in den 150 Meditationen immer wieder mitschwingt. Ich lebe aus dem Vertrauen, dass mein Dasein, mein Lachen und Weinen, meine Leichtigkeit und Schwere, in einem liebend-göttlichen DU gut aufgehoben ist. Ein DU, das in der Tiefe meiner Existenz atmet und mich verbindet mit allen Menschen, mit der Schöpfung, dem ganzen Kosmos.

In Beziehung sein

»Wer Du spricht, hat kein Etwas, hat nichts. Aber er steht in der Beziehung«, schreibt der jüdische Religionsphilosoph *Martin Buber* (1878–1965) in seinem Buch »Ich und Du«, das ich schon mehrere Male gelesen habe. Genau deshalb ist es für mich so entscheidend in meinen Tagebucheinträgen und in meinen Meditationen mit einem allumfassenden DU in Beziehung zu sein, um in einer bezaubernden und verwundeten Welt den Beziehungsfaden in alle Dimensionen meines Lebens hineinzuweben, in Glück und Unglück, Zuversicht und Verzweiflung, Lust und Schmerz, Unruhe und Stille, Ausgelassenheit und Schwere. Ach, wie habe ich schon vor fast fünfzig Jahren als junger Religionslehrer mit Jugendlichen heiß diskutiert, als sie mir sagten: »Ich glaube schon an eine höhere Macht, jedoch nicht an einen persönlichen Gott!« Zu kalt, zu abstrakt, zu diffus, zu unpersönlich ist mir eine höhere Macht, oh Schreck: *Big brother is watching you!* Nein danke! Es wird mir überhaupt nicht warm ums Herz, wenn etwas Höheres, Machtvolles meinem Dasein einen Sinn verleihen sollte. Beim Wort »DU«, das ich seit der Entdeckung der mystischen Tradition vor dreißig Jahren ohne Bilder ausspreche, sondern als ein Ereignen der LIEBE in unserer wunderbar-komplizierten Welt, fühle ich mich eingebunden in ein göttliches Werden, das nie zu haben sein wird. Damit verabschiede ich mich von einem patriarchalen Gottesbild, an dem leider so viele

Religionen festhalten, um eine Konkurrenz zwischen Gott und Mensch zu schaffen und um an ihrem Machtmonopol und ihren Privilegien festzuhalten. Gott ist Macht in Beziehung zueinander, zur ganzen Menschheit und der Schöpfung selbst, schreibt die feministische Theologin *Carter Heyward* (geb. 1943) schon 1982: »Wenn Gott uns liebt, braucht Gott uns. Ein Liebender braucht Beziehung – wenn aus keinem anderen Grund, dann um zu lieben.« In dieser dialogischen Grundhaltung meines Lebens und Glaubens spreche ich das Wort »DU« aus. Stammelnd trägt es sogar auch in den Grenzsituationen unseres Lebens, wie dies die lebensfroh-kämpferische *Etty Hillesum* (1904–1943), die in Auschwitz umgebracht wurde, in ihrem unglaublichen Tagebuch ausdrückt: »Und fast mit jedem Herzschlag wird mir klarer, dass du Gott uns nicht helfen kannst, sondern dass wir dir helfen müssen und deinen Wohnsitz in unserem Inneren bis zum Letzten verteidigen müssen.« In dieser ver-rückten Hoffnung bleibe ich mit vielen Suchenden unterwegs und ich sehne mich unendlich nach Gottesdienstfeiern, in denen um so einen Wandel des Gottesbildes gerungen wird.

Ich bin da und werde dasein

Dabei bleibe ich in interreligiöser Offenheit verwurzelt in der jüdisch-christlichen Tradition, in der im zweiten Buch der Hebräischen Bibel, im Buch Exodus 3,14, das Göttliche mit dem Namen »Ich-bin-der-ich-da-bin/da-sein-werde« sich ereignet in Beziehung zu uns Menschen. Was für eine Tragik, dass diese Herzensworte bis heute viel zu wenig zum Tragen und Wirken kommen, unter anderem weil sie in der griechischen Übersetzung auf das Wort »Kyrios-Herr« reduziert worden sind. Deshalb fühle ich mich so oft verloren in Gottesdiensten, in denen das Wort »Herr« zehn-, zwanzigmal ausgesprochen wird. Es widerspricht fundamental der Lebensschule Jesu (Johannes 15,15), der mit Freundinnen und Freunden unterwegs sein will und nicht mit Sklaven, die angstbesetzt-geknickt ihrem Herrscher folgen! Unglaublich, dass trotz der not-wendenden Aufklärung und Sensibilisierung einer feministischen Theologie weiterhin Gottes Liebe in einer patriarchal-klerikalen Verkürzung wie »Herr« als Zentrum des Christentums verteidigt wird.

Mir fehlt so sehr das weibliche Umschreiben des göttlichen Lebensatems, auch in ökumenischen Feiern, obwohl das Wort für »Geist« im Hebräischen »ruach« und das Wort für die göttliche Weisheit im Griechischen »sophia« weiblichen Ursprungs sind. Ich lerne vom jüdischen Bibellesen, dass Gott sich in der Hebräischen Bibel vorstellt als »El-Rachum« (Exodus 4,6), als mit-fühlender Gott, abgeleitet vom hebräischen Wort »rechem«, das den Mutterschoß, die Gebärmutter bezeichnet. Dasselbe Wort für Gott liegt dem Satz zugrunde, der (bis auf die erste) jede Sure des Koran eröffnet.

So viele Herzenstüren könnten geöffnet werden, wenn von Freundin oder Schwester Geist gesprochen würde und wenn Gottes Nähe mütterlich-väterlich erahnt wird. Im Wort »DU« sind all diese sprachlichen Grenzen aufgehoben, im doppelten Sinn. In einem personalen Erahnen des Göttlichen geht es nicht darum, sich auf Bilder (schon gar nicht auf nur männliche) fixieren zu lassen, weil der Ursprung des Wortes Person sich im lateinischen Wort »per-sonare« findet, was durch-tönen bedeutet. Durch Worte, Symbole, Bilder des Göttlichen tönt etwas hindurch, was immer noch viel größer, unsagbarer und unbeschreiblich bleibt. »Einen Gott, den es gibt, gibt es nicht« (Dietrich Bonhoeffer). Der Mystiker *Meister Eckhart* (1260–1328) aus Erfurt bringt es auf den Punkt: »Um Gott zu finden, gibt es keinen besseren Rat, als ihn dort zu finden, wo man ihn loslässt ...« Diese Nähe, Weite und Tiefe spüre ich mit Leib-Geist-Seele im Aussprechen des Wortes »DU«. Deshalb konnte ich in meiner siebzehnjährigen Zeit als katholischer Priester und bis heute Worte wie »allmächtiger Gott, Herr, Lamm Gottes« nicht aussprechen, weil ich in der Lebensschule Jesu einem heruntergekommenen Gott begegne, der jegliches Machtgefälle zwischen uns Menschen aufhebt.

Sym-pathischer Gott

Der Weg Jesu erzählt sym-pathisch, dass die/der »Ich-bin-da« uns liebend-ohnmächtig nahe ist. Der Wegbegleitung meines Lebensfreundes aus Nazareth verdanke ich unendlich viel:

- seinen herausfordernd-tröstlichen Worten
- seinem Teilen von Macht im Fördern einer Weggemeinschaft
- seinem Verweilen in der Stille als göttlicher Kraftquelle
- seinem Genießen vom Essen und Trinken
- seiner Solidarität mit den Minderheiten und Entrechteten
- seinem gewaltfreien Widerstand
- seiner zärtlichen Sinnlichkeit und Konfliktfähigkeit
- seinem Engagement für die Gleichberechtigung von Frauen
- seinem Staunen in der Schöpfung
- seiner Würdigung unserer Zerbrechlichkeit im Brotbrechen
- seinem Aufbrechen von angstmachenden Gottesbildern
- seinem Durchbrechen der Spirale der Gewalt am Kreuz
- seinem leidenschaftlichen Schreien nach Sinn
- seinem Zu-Grunde-Gehen: der Angst auf den Grund gehen
- seinem Sich-sterben-Lassen in einen göttlichen Grund
- seinem Aufstand für ein Leben vor und nach dem Tode.

Diese Dankbarkeit fließt ein in das Wort »DU«, jüdisch-christlich verwurzelt und zugleich interreligiös offen, weil ich damit das Göttliche in allem meine, wie es der Franziskaner *Richard Rohr* (geb. 1943) in seinem Buch »ALLES trägt den einen Namen. Die Wiederentdeckung des universalen Christus« (2019) inspirierend entfaltet. Mit dem Wort »DU« benenne ich zuerst interreligiös das Verbindende, jene Momente des Sich-eins-Fühlen mit dem Göttlichen, wie es zum Beispiel hinduistisch in den vedischen Upanischaden verdichtet wird: Der innerste Seelenkern, der *atman,* ist eins mit dem Wesen aller Dinge, dem *braham.* In einer angstbesetzten und ausgrenzenden Welt können es sich Glaubende einfach nicht mehr leisten, auf das Trennende fixiert zu sein. Im schweigenden Dasein können wir dieses All-ein-s sein erfahren, weil alle Bilder, Worte und Konstrukte aufgehoben sind. Im Stammeln nach Worten kommen dann die verschiedenen Sprachspiele der religiösen Spurensuche im Hinduismus, Buddhismus, Daoismus, Islam, Judentum, Christentum und vielen anderen wertvollen religiösen Praktiken zum Ausdruck; besonders inspirierend in der islamischen Spur, in der »nur« 99 Namen Allahs vorhanden sind, bewusst nicht 100! Gott sei Dank gibt es diese Vielfalt! Gemeinsam ist der ganzen mystischen Tradition in allen Religionen die befreiende Zusage, dass wir nicht von Gott getrennt sind und alle einen unmittelbaren Zugang zum Göttlichen erfahren können. Es ist eine hochaktuelle Kritik an jeder Religionsgemeinschaft, die sich anmaßt, ganz genau zu wissen, wo Gott wirkt und wo nicht. Dies ist ein Verrat an der Liebe Gottes, die wesentlich und unverfügbar bleibt, jeden Tag neu ein schöpferisches Geschenk.

Einverständnis – Nicht-Einverständnis mit dem Leben

Beten ist deshalb nicht mehr das Bemühen, Gott zu erreichen, sondern das Aufatmen, schon in ihr/ihm zu sein. Das Gebet ist mir eine Lebenshilfe, um mein Leben ordnen zu können, im Wissen immer noch viel mehr zu sein als all das, was ich im Moment wahrnehme. In den Worten des buddhistischen Mönchs *Thich Nhat Hanh* (geb. 1926) finde ich diese verbindende Haltung: »Im Gebet sammeln wir die Kraft in uns selbst und verbinden sie mit der Kraft, die außerhalb von uns liegt. Zwischen Gott und uns gibt es keine Trennung.« Auch *Fulbert Steffensky* (geb. 1933) umschreibt diesen dialogischen Prozess kraftvoll: »Das Gebet ist die Selbstmitteilung des Menschen an den Grund allen Lebens, an Gott. Diese Selbstmitteilung hat zwei Grundformen: das Einverständnis mit dem Leben und das Nicht-Einverständnis mit dem, was der Mensch sieht und erfährt. Gebete des Einverständnisses sind Lob, Preis und Dank. Das Nicht-Einverständnis beinhaltet das Bitt- und Klagegebet.«

In meinen 150 Meditationen teile ich mich selbst mit, und ich bringe meine vielfältigen Lebenserfahrungen in

Beziehung zum göttlichen »DU«, Quelle allen Lebens. Meine Meditationen sind in einem intuitiven Schreiben entstanden, weil »schreiben, ohne zu denken« für mich zum Schönsten im Leben gehört. Was für eine Befreiung, wenn mein Gedankenkarussell mich nicht mehr entfernen kann von meinem inneren Ruheort. Was für eine Wohltat, wenn es einfach schreibt, weil meine inneren Kritiker weit weg in Urlaub sind! Was für ein Aufatmen, wenn ich im Schreiben erahne, in etwas Größerem getragen und aufgehoben zu sein. Als Jugendlicher habe ich die Kraft des Tagebuchschreibens entdeckt. Eine Lebenskraft, in der es keine Bewertungen gibt, sondern »nur« ein mitfühlendes Wahrnehmen und Ausdrücken der vielfältig-widersprüchlichen Gefühle, Gedanken, Eindrücke, Erlebnisse und Erinnerungen.

Intuitives Schreiben

Die Pandemie hat auch mich auf mich selbst zurückgeworfen, all meine Vorträge und Kurse sind abgesagt worden, über 18 Monate konnte ich nicht in die Schweiz fahren. Viel Vertrautes wie spontan Latte Macchiato trinken, ins Kino oder in die Sauna gehen, in einer Gruppe meditieren war auf einmal nicht mehr möglich. Monatelang war ich tagsüber alleine in unserer Wohnung. Ich vertiefte die Lebenskunst der Lange-Weile als Chance, Selbstverständliches noch bewusster dankbar zu schätzen,

Schönes noch mehr auszukosten und auch Schmerzvolles anzuschauen, um darin Unterbelichtetes in meinem persönlichen Dasein und sozialpolitischen Handeln zu entdecken. Ich erinnerte mich an die Kraft der Rituale, die mir schon vorher im Leben eine vertrauensvolle Struktur geschenkt hat.

Intuitiv erwachte ich mehrmals am Morgen mit dem ersten Impuls, mich wieder von den 150 biblischen Gebeten, den Psalmen, inspirieren zu lassen, um dem Auf und Ab meines jetzigen Lebens mit Respekt und Vertrauen zu begegnen. Jene Gebete, die mich schon als Zwanzigjähriger faszinierten, weil darin alle Gefühle ausgedrückt werden, und mich zugleich abschreckten wegen ihrer »Schwarz-Weiß/Gut-Böse-Perspektive«, die für ein populistisch-ausgrenzendes Miteinander missbraucht werden kann und krankmachende Gottesbilder fördert. Einige Wochen lang waren die Widerstände gegen diese Psalm-Aktualisierungen stärker als meine Sehnsucht, durch das Weiterschreiben von uralten Lebenserfahrungen meinen Horizont weiten zu können. Und wie schon so oft in meinem Leben: Im Loslassen dieses Impulses eröffnete sich mir die Freiheit, es einfach mal zu versuchen. Zumal ich genau wusste, wie ich mein tägliches Ritual gestalten wollte:

- Ich lese mir morgens laut einen Psalm vor …
- Ich nehme die gehörten Worte mit auf meinen meditativen Morgenspaziergang, in dem das nachklingen kann, was mir beim Vorlesen guttut oder was mich

ärgert oder mich verunsichert oder mich hoffnungsvoll stimmt oder …

- Bei meiner Rückkehr in die Wohnung lasse ich es schreiben, und damit ich mein intuitives Schreiben nicht eingrenze oder zu schnell korrigiere, lese ich die geschriebene Meditation nicht noch einmal durch …

Los ging's: So fing ich an mit Psalm 1, am nächsten Tag mit Psalm 2 und so weiter, ohne jemals einen vorher geschriebenen Text nachzulesen. Zu meinem großen Erstaunen haben sich nach 150 Tagen all meine Tagebuch-Meditationen geschrieben. Ich war so berührt von dieser inneren Erfahrung, dass ich es vorerst nicht wagte, diese Standortbestimmungen zu lesen. Einmal mehr habe ich dankbar erfahren, dass ich zum Schreiben geboren bin. Schreiben ist mir Lebenshilfe, Lebensbewältigung, Lebenslust und Lebensperspektive … Schreiben ist für mich Meditation, weil es mir ein »Hinhalten des Erfahrenen in einen größeren Raum« ermöglicht, wie es *Stefan Seidel* in seinem inspirierenden Buch »Nach der Leere. Versuch über die Religiosität der Zukunft« (2020) umschreibt.

Erst nach einem Monat habe ich mein aktuelles Lebensbuch geöffnet, um meiner Seelenlandschaft begegnen zu können, in der all das Platz hat, was mich stärkt und verunsichert. Nach dem Lesen der ersten Meditationen war mir sofort klar, dass ich diese Worte nicht verändern darf, weil sie mir nicht gehören! Sie sind mir als Geschenk zugeflossen.

Sie sind ausgerichtet auf ein liebend-göttliches DU, das mich zu mir selbst führt und über mich hinausweist, zur Kraft in Beziehungen, zur Ermutigung zum Engagement, zur Liebe …

Pierre Stutz ist einer der gefragtesten spirituellen Lehrer unserer Zeit. Er lebt in Osnabrück und inspiriert in Vorträgen und Kursen im gesamten deutschsprachigen Raum die Menschen zu einer geerdeten und befreienden Spiritualität. Schreiben ist für Pierre Stutz ein »feu sacré«, ein inneres Feuer. Im Patmos Verlag sind von ihm u. a. erschienen »Menschlichkeit JETZT!« (zusammen mit Helge Burggrabe, 2. Auflage 2021), »Die spirituelle Weisheit der Bäume« (3. Auflage 2022), »Lass dich nicht im Stich. Die spirituelle Botschaft von Ärger, Wut und Zorn« (2. Auflage 2017)

Katharina Lückmann, geboren in Osnabrück, studiert Sonderpädagogik und Kunst an der Leibniz Universität Hannover. Kunst und kreative Gestaltung sind seit ihrer Kindheit wichtiger Teil ihres Lebens.

VERLAGSGRUPPE PATMOS

PATMOS
ESCHBACH
GRÜNEWALD
THORBECKE
SCHWABEN
VER SACRUM

Die Verlagsgruppe
mit Sinn für das Leben

MIX
Papier aus verantwortungsvollen Quellen
FSC® C014496
www.fsc.org

Klimaneutral
Druckprodukt
ClimatePartner.com/14549-2003-1001

Für die Verlagsgruppe Patmos ist Nachhaltigkeit ein wichtiger Maßstab ihres Handelns. Wir achten daher auf den Einsatz umweltschonender Ressourcen und Materialien.

Verlagsgruppe Patmos in der Schwabenverlag AG, Ostfildern
www.patmos.de

Umschlaggestaltung: Finken & Bumiller, Stuttgart
Umschlagabbildung und Illustrationen im Innenteil: © Katharina Lückmann
Gestaltung, Satz und Repro: Schwabenverlag AG, Ostfildern
Druck: GGP Media GmbH, Pößneck
Hergestellt in Deutschland
ISBN 978-3-8436-1357-6 (Print)
ISBN 978-3-8436-1358-3 (eBook)